Eugen Maria Schulak
Rahim Taghizadegan

VOM SYSTEMTROTTEL ZUM WUTBÜRGER

ecoWIN

Eugen Maria Schulak/Rahim Taghizadegan
Vom Systemtrottel zum Wutbürger

FSC
www.fsc.org
MIX
Papier aus verantwortungsvollen Quellen
FSC® C012536

Das für dieses Buch verwendete FSC-zertifizierte Papier EOS lieferte Salzer, St. Pölten.

Umschlagidee und -gestaltung: **kratkys.net**

Lektorat: Dr. Arnold Klaffenböck
Gesamtherstellung: www.theiss.at
Gesetzt aus der Sabon
Printed in Austria
ISBN 978-3-7110-0017-0

5 6 7 8 / 13 12

www.ecowin.at

Inhaltsverzeichnis

Prolog

Wohl die meisten Europäer – vornehmlich jene im Westen – meinen, dass sie in der gerechtesten aller bisherigen Welten leben. Dies ließe sich allein schon am Wohlstand ermessen, der noch nie so hoch gewesen sei. Niemals ging es den Menschen derart gut. Und trotzdem sei irgendwo der Wurm drin oder die Luft raus oder es fehle an etwas Wesentlichem. Viele leiden unter den schlechten Sitten. Viele bemerken, dass sie schleichend verarmen. Viele fühlen sich bedrängt, bevormundet, abhängig und überlastet. Vieles gebe einfach keinen Sinn mehr. Jedenfalls könne es nicht so weitergehen. Irgendetwas müsse geschehen. Aber was? Am politischen System könne es ja nicht liegen: Demokratie und Rechtsstaat sind das Gerechteste, das sich nur vorstellen lässt. Dazu gäbe es keine Alternative. Und so verschlucken die meisten ihr Unwohlsein, drücken sich vor dem Denken und sagen: Uns geht es doch ganz gut.

Eine solch schwärende Unruhe, über die man besser den Deckel hält, damit sie einen nicht ins Trudeln und aus dem Gleichgewicht bringt, ja womöglich aus der Bahn wirft, wurde literarisch schon einmal beschrieben, 30 Jahre vor Ausbruch der Französischen Revolution. In Voltaires *Candide ou l'optimisme* (1759) muss der junge Candide schmerzhaft erfahren, dass die Vorstellung, in der besten aller Welten zu leben, bloß ein Märchen war – ein schönes und bequemes Märchen, das ihm ein Intellektueller unentwegt und eloquent vortrug, um seine Zweifel zu beruhigen. Candide glaubte dieses Märchen und wurde prompt enttäuscht. Doch er wurde auch klüger und schließlich fand er sogar mit seinen Freunden einen Garten, den zu bestellen ihm lohnenswert erschien.

Auch wir, liebe Leute, haben ein Märchen für euch. Also setzt euch, wo auch immer ihr seid. Macht es euch bequem. Ein Intellektueller wird euch zur Einstimmung ein Ständchen geben. Das Ständchen ist euch wohlbekannt. Der Sänger ist ein Schurke. Doch singen kann er wunderschön. Also hört gut zu.

REGNER

VON

SELIG U

HEILIG

SPRECHUNGEN

(IM KANON. PROZ)

Advocatus Diaboli

Also mal ehrlich: Dass wir hier in der besten aller Welten leben, das ist doch ganz klar. Was soll daran falsch sein? Es gibt keine Malariasümpfe, keine Lepra, keine Pest und keine Pocken. Es gibt schon lange keine Konzentrationslager und keine Gulags mehr. Dafür gibt es Gulasch in rauen Mengen. Die Wirtshäuser sind voll und die Leute bekommen vor lauter Fressen ihre Hosen nicht mehr zu. So einen Wohlstand hat es noch nie gegeben.

Dank des Gesundheitswesens und der vielen Medikamente, die man fast geschenkt bekommt, werden die Leute auch immer älter. Jeder, der zu verstehen gibt, dass ihm etwas fehlt, wird gut versorgt. Die Alten, die unheilbar Kranken, die geistig und körperlich Behinderten, ja selbst die am Leben Gescheiterten, die Gestrandeten und die straffällig Gewordenen erhalten alles, was sie zum Überleben brauchen. Das Geld dafür wird allen anderen von ihren Löhnen abgezogen und in Gemeinschaftskassen gut verwahrt. So ist es auch in Zukunft sicher.

Außerdem muss niemand mehr ohne Bildung bleiben. Jeder darf zur Schule gehen und studieren, egal wie arm seine Familie ist. Jeder darf den Beruf ergreifen, den er möchte, und jeder hat ein Recht auf einen Arbeitsplatz. Wer ihn verliert, wird weiterhin versorgt, so lange, bis er wieder einen findet. Und selbst wenn er niemals wieder einen finden sollte: Niemand muss um sein Überleben fürchten, selbst der nicht, der sich treiben lässt und gar nichts tut. Wenn nur die ganze Welt ein solches Leben führen könnte, gäbe es keine Unruhen, Revolutionen und Kriege mehr. Demnach leben wir in Sicherheit, auch dank der vielen Vorschriften und Regeln, die erlassen werden, um die Menschen zu schützen und vor Fehlern zu bewahren.

Auch geistig wird niemand mehr bedroht: Jeder darf denken und sagen, was er will. Selbst wenn man gefährlichen Unsinn vorträgt oder den Leuten einen Spiegel vorhält: Niemand verliert sein Leben. Niemand wird gefoltert. Niemand wird zum Tode verurteilt. Letztlich wird auch die größte Abweichung im Denken toleriert. Auch muss niemand mehr einer Religion angehören oder an Gott glauben. Niemand muss mehr in die Kirche gehen, so wie niemand mehr verpflichtet ist, Aufgaben für die Gemeinschaft zu übernehmen. Das ist gar nicht mehr notwendig. Dafür gibt es Beamte. Auch muss sich niemand an politischen Aufgaben und Zielen beteiligen. Streng genommen muss auch niemand mehr wählen gehen. Zwar rümpfen die Leute die Nase, wenn man es nicht tut, aber auch das kann einem egal sein. Im Grunde kann man tun und lassen, was man will. So viel persönliche Freiheit gab es noch nie.

Aber auch jene, die politische Interessen haben, können sich frei verwirklichen. Immerhin leben wir in einer Demokratie. Der Staat, das sind wir alle. Deshalb gibt es auch freie Wahlen, an denen jeder regelmäßig teilnehmen darf. So kann jeder seine Zukunft und sein Schicksal selbst bestimmen. Zusammengenommen und im Verbund sind wir eine große Gesellschaft, die gemeinsame Ziele verfolgt. Jeder, der es möchte, kann sich aktiv an diesen Zielen beteiligen und sich um politische Ämter bewerben. Wer gewählt wird, hat die Möglichkeit, die sozialen Anliegen der Menschen zu vertreten und erfolgreich durchzusetzen. Das ist die positivste Entwicklung, die es in politischer Hinsicht je gegeben hat.

Unsere Politik ist heute so weit fortgeschritten, dass sie vor allem die Aufgabe hat, die Probleme der Menschen zu erkennen und zur Zufriedenheit aller zu lösen. Demnach ist staatliche Herrschaft, im Unterschied zu früheren Zeiten, auch erstmals moralisch gerechtfertigt. Die gewählten Mandatare können mithilfe des öffentlichen Rechts, das den Wünschen der Mehrheit laufend angepasst wird, dem Gemeinwohl nach und nach zum Durchbruch verhelfen. Egoistische Einzelinteressen haben so kaum mehr eine Chance. So viel Gerechtigkeit gab es noch nie.

Aber das Beste ist, dass wir uns alles, was wir uns wünschen, dank der sozialen Marktwirtschaft, in der wir leben, kaufen können. Und es sind Waren, die es in dieser Auswahl, Qualität und Menge nie zuvor gegeben hat. Für jeden Geschmack und für jede Geldbörse gibt es das passende Produkt. So gut wie jeder kann sich Hobbys leisten, Sportarten ausüben, Gärten anlegen, auf Urlaub fahren und vieles mehr, weil ihm durch regulierte Arbeitszeit und Löhne genügend Freizeit und ausreichend finanzielle Mittel zur Verfügung stehen. Falls Letztere knapp werden sollten, können sie dank des praktischen Papiergelds nachgedruckt und in Form von Krediten weitergegeben werden. So kann der Konsum, der Wohlstand für alle schafft, aufrechterhalten und für die Zukunft abgesichert werden. Selbst Wirtschaftskrisen können so rasch beseitigt werden. Wer sein Geld jedoch lieber sparen möchte, der trägt es auf die Bank, wo es verwahrt wird und für die Zukunft Früchte trägt.

Und langweilig wird einem ebenso nicht: Rund um die Uhr gibt es Fernsehen, Radio und Internet, wo alles Wichtige gezeigt und einem so erklärt wird, dass man es versteht. So bleibt nichts Wesentliches auf dieser Welt verborgen und wir sind bestens informiert. Und auch der unverbindliche Geschlechtsverkehr steht jedem offen, der sich darum bemüht. Niemand muss sich mehr lebenslang binden. Wer keine Kinder will, verhütet oder treibt sie ab. Sowohl in der Stadt als auch auf dem Land gibt es fast täglich öffentliche Feste, bei denen man feiern, tanzen, trinken und sich erbrechen kann, so viel man will.

Aber auch für jene, die mehr als das wollen, wird bestens gesorgt. Wer im öffentlichen Leben etwas erreichen will, darf mit umfassender Unterstützung rechnen. An allen öffentlichen Bildungsstätten, in denen sich die Wissenschaften auf ihrem höchsten Stand befinden, gibt es Stipendien für jeden, der sich bemüht. Auch wer passende künstlerische oder gesellschaftspolitische

Ideen vorweisen kann, wird von der Gemeinschaft mit feinen Geldbeträgen gut versorgt. Wer klug ist, kann so Karriere machen und es bis ganz nach oben schaffen. In der Funktion des Managers, Lehrers, Unternehmers, Beamten oder Politikers kann jeder dazu beitragen, das gemeinschaftliche Leben noch schöner zu gestalten und so persönlichen Sinn für sich erlangen. Jeder kann es schaffen, eine derart wertvolle Aufgabe zu erfüllen. Niemand wird daran gehindert, wenn er sich in den Dienst der Gemeinschaft stellen will. Also ist alles aufs Beste bestellt, und zwar für alle Menschen, welchen Geschmack oder Geist sie auch immer haben.

Einspruch!

Wir (die Autoren) kennen diese Reden zur Genüge, in einer Vielzahl von Variationen, mit allen Obertönen, Untertönen und auf jedem möglichen Niveau. Wir kennen sie, in Maßen, sogar aus der eigenen Familie, sogar von so manchem Freund; mit Sicherheit wohl von den meisten der Studenten und von den Professoren allemal. Wir lesen diese Reden in den Zeitungen, hören sie im Radio und sehen sie im TV. Deshalb lesen wir keine Zeitungen mehr, hören nicht mehr Radio und sehen nicht mehr fern. Aber es nutzt nichts: Wir hören sie auch in den Häusern, in denen wir leben, und auf den Straßen und Wegen, die wir benutzen. Sie liegen uns in den Ohren, tagaus, tagein. Und sie hängen uns zum Halse heraus.

So manche haben wir in jungen Jahren selbst geschwungen. Allein wir wissen, wie viel Zeit und Kraft es uns gekostet hat, uns von den Resten zu befreien. Ob uns das überhaupt gelungen ist? Viele Jahre hindurch haben wir ungewöhnliche und recht versteckt lebende Bücher gelesen und über diese versteckten Inhalte mit ebenso ungewöhnlichen Menschen philosophiert. Viele unserer Zweifel wurden bestätigt. Viele neue Zweifel taten sich auf. Unser Argwohn jedenfalls gewann deutlich an Kontur. Auch haben wir eine ziemlich feine Nase bekommen. All jenen, die uns geholfen haben, danken wir von Herzen. Heute sind wir der Welt gleichsam entrückt und sprechen aus dem Jenseits zu euch. Dabei sind wir am Leben wie noch nie.

Und was bedeuten nun diese Reden? Es sind die allgemeinen Glaubenssätze, die jeder von uns kennt – das zeitgenössische Gebet, und auch die Mühle, die man dreht, und das, was sich gehört. Es ist das *Märchen vom gerechten Staat*, das Mantra der großen

Krake. Und in der Tat gibt es recht viele, die es mit unschuldigster Miene immer wieder gern erzählen. In höchsten Tönen wird es vorgetragen von den öffentlichen Menschen und als Abklatsch wiederholt von jedermann. In Wahrheit sind es blinde Flecken, traurige Tröstungen, allesamt Weigerungen, aus dem Vollen zu schöpfen. Es sind Holzwege, besser noch: Sackgassen. Früher hätte man Verblendungen dazu gesagt – und sie sind derart hartnäckig, dass ihnen mit herkömmlichen Mitteln der Kritik kaum beizukommen ist.

Deshalb wenden wir die Folter an. Wir ziehen diesen Reden die Haut in Streifen ab. Denn die Zeit drängt und wir wollen, dass diese Reden rasch gestehen. Der Sinn der philosophischen Tortur ist, ihnen die verführerische Maske abzunehmen, damit ihr Inhalt ungeschönt zum Vorschein kommt. Die Methode, die wir dabei anwenden, ist die der negativen Anleitung: Wir geben an, wie man ein nützlicher Systemtrottel wird, einer, der diese Reden tief inhaliert hat und fest an ihren Inhalt glaubt. Da wird euch Hören und Sehen vergehen, weil alles so auch den Charakter eines Eingeständnisses für euch erhält. Die Tortur ist folglich eine doppelte, im Grunde sogar dreifache: Denn die Erkenntnis läuft darauf hinaus, dass das System, in dem ihr, liebe Leser, euch befindet, selbst eine Art Folter ist, oder milder gesagt: ein Hamsterrad, aus dem ihr ebenso entkommen wollt. Bloß wisst ihr noch nicht, wie. Es geht also um einen Prozess der Befreiung. Und deshalb werfen – zumindest wir – die herrschende Auffassung der sozialen und politischen Realität mit großem Schwung auf den Kompost.

Was heute nottut, ist Platz zum Denken und vor allem frische Luft. Darum werden wir gründlich lüften, sodass ihr frei atmen könnt und wieder Leben in eurem Kopf entsteht, damit es euch besagte Reden, die ihr allesamt gehört und nachgebetet habt, gründlich verwirbelt und verbläst. Warum wir das tun? Im Unterschied zu den meisten von euch glauben wir noch an das Gute im Menschen, an seine Fähigkeit, die schlechteren Ideen beiseitezulegen, um den besseren zum Durchbruch zu verhelfen. Wir sind also Idealisten, im besten Sinne. Und wir haben nichts zu verlieren: Wir glauben weder an die heutige „Demokratie“ noch an den heutigen „Rechtsstaat“. Aber wir haben alles zu gewinnen: nämlich den Garten, den es zu bestellen gilt.

Information

Ein nützlicher Systemtrottel muss funktionieren, das heißt, er muss gleichförmig ausrichtbar sein, vergleichbar den Eisenspänen auf einer Glasplatte, unter der sich ein Magnet bewegt. Damit dies möglich wird, setzen wir unsere Kleinen am besten schon in jüngsten Jahren vor den Fernseher, drücken ihnen die Fernbedienung in die Hand, dazu noch Kekse und eine Kuscheldecke, und lassen den Dingen ihren Lauf. So liegen sie herum, die nackten Würmer, in lustvoller Erwartung, sind ganz entspannt und zuversichtlich, rollen sich in die Decke, zerbröseln ihre Kekse und lassen sich bedienen von den bunten Bildern dieser Welt, bis sie dann völlig bedient sind und unendlich müde werden – und wir wollen ja, dass sie gut schlafen.

Wenn sie noch klein sind und alles angreifen wollen, ist es gut, wenn wir sie mit schnell wechselnden Bildern beliefern, die für sie nicht greifbar und auch nicht zu begreifen sind. Das klingt grausam, ist es aber nicht. Im Gegenteil: Die systematische Verwirrung, die so entsteht, hat einen tieferen Sinn. Denn das, was sich nun bilden kann, ist eine Sehnsucht nach Orientierung, nach einer Ordnung, die von außen kommt, von draußen und nicht mehr von daheim. Was sind wir denn schon, wir Eltern: Kleinbürger und Faschisten. Im Vergleich zu denen, die man im Fernsehen sieht, sind wir bloß Nullen. In den Kindern müssen große Erwartungen entstehen. Und diese sind nur von jenen zu erfüllen, die draußen in der Ferne sind. Deshalb darf eine eigenständige Innenwelt, die vor allem das Elternhaus zum Vorbild nimmt, eine Konzentration und Sammlung auf das eigene Wesen hin gar nicht erst aufkommen. Besser ist, wenn die Kinder bereits früh und systematisch Zug um Zug verloren gehen, damit sie sich später im System umso besser wiederfinden und zurechtfinden können.

Diese Sehnsucht nach Orientierung zeigt sich in der Regel auch recht rasch: Um etwas zu haben, das sie ordnen und wiedererkennen, an das sie sich halten können, ahmen die Kinder all jene Verhaltensweisen nach, die sie am Bildschirm am häufigsten zu sehen bekommen. Anfangs sind es nur rhythmische Zuckungen und einzelne Silben, die an ihnen zu bemerken sind. Aber dann, wenn sich ein fröhliches Lallen einstellt, das unter anderem versucht, die vielen Werbejingles und Signations nachzuahmen, wissen wir: Die Kleinen sind auf dem besten Weg. Später dann, im Kindergarten, erleichtern diese Phrasen nebst den dazugehörigen Bewegungen und Scherzen die Kontaktaufnahme mit den Gleichaltrigen. Das schafft Wohlbefinden und Vertrauen und ist somit unverzichtbar.

Jeder von uns kann diese ersten Schritte ohne nennenswerten Aufwand für seine Kinder organisieren. Sie sind weitgehend kostenlos und garantieren, dass die Kinder auch in späteren Jahren den Medien treu bleiben, dadurch stets vergleichbare bis identische Assoziationen haben und sich so problemlos im System auflösen. Im Gleichklang mit den vielen anderen, denen es ebenso ergangen ist, werden sie zu einer breiigen Masse, die von den Bildern gut gelenkt und effizient verwaltet werden kann. Das enthebt uns Eltern auch von der Verantwortung, unsere Kinder selbst erziehen zu müssen. Wir können keine Fehler machen. Denn wenn wir immer nur das tun, was alle tun, gibt es letztlich niemanden mehr, der uns zur Rechenschaft ziehen kann und wird.

Im Zweifelsfall ist es ratsam, Kinder eher zu vernachlässigen, als sich ihnen zuzuwenden. Denn nur eine desolate Familie, in der Isolation und Sprachlosigkeit entstehen und die vom Kind als Quelle des Vertrauens abgelehnt wird, macht offen für die Segnungen der öffentlichen Hand. Allein deshalb schon hat die Durchdringung mit allen möglichen Medien früh zu beginnen, weil sie die Zeit, die für den Aufbau einer Familie notwendig ist, drastisch minimiert. Gut ist, wenn wir uns letztlich alle wiederfinden im öffentlichen Raum, als atomisierte Einzelne, und darauf warten, dass uns die Hand im Wir-Gefühl versöhnt. Es darf keine Widerstände geben. Die goldene Regel lautet: Wer Medien stundenlang konsumieren und gleichzeitig entspannt bleiben kann, der hat's geschafft.

Wir müssen dafür sorgen, dass unsere Kinder in der Masse aufgehen. Dazu braucht es ihre Bindungsfähigkeit an alles Indirekte und Anonyme. Denn nur jene, die kein eigenständiges Denken und kein versponnenes Innenleben mehr kennen, wählen freiwillig den öffentlichen Raum als Lebenswelt und inneren Bezugspunkt. Erst dann kommt alles, was als wertvoll erscheint, von außen. Erst dann werden alle gemeinsam nach draußen streben, weil es sich drinnen so leer anfühlt. Drinnen ist dann nichts mehr zu verlieren, weil drinnen kaum noch etwas ist. Draußen hingegen sind die vorherrschenden Meinungen. Und sind sie einmal tief verinnerlicht, so gibt es nichts mehr gegen sie zu sagen, weil man überhaupt nichts mehr zu sagen hat – und das ist gut so.

Das alles ist für einen nützlichen Systemtrottel die ideale Sozialisation. Ideal ist die passive Grundhaltung, die „man müsste" und „man sollte" sagt, die Willfährigkeit und Wehrlosigkeit. Ideal ist auch das starke Wir-Gefühl, das aber nicht an die Familie oder die Freunde gebunden ist, sondern am System und seinen Wohltaten hängt. Ideal ist ebenso die Reduktion an potenzieller Intelligenz sowie ein Absacken der Vorstellungs- und Schaffenskraft: die Nachahmung, der reine Außenbezug ohne Inneres. Der Idealfall für den Sozialstaat ist der Sozialfall, allemal.

Abgesehen davon ist es auch unsere Bürgerpflicht, ständig umfassend informiert zu sein. Immerhin leben wir in einer Demokratie. Wir müssen wissen, was täglich läuft, damit wir unseren Senf dazugeben und unsere Stimme, nachdem wir sie erhoben haben, bei den Wahlen auch wieder abgeben können. Zum Glück gibt es freie Medien, die entweder staatlich unterstützt werden oder werbefinanziert sind, und die uns rund um die Uhr mit allen wichtigen Informationen versorgen.

Diese Medien, die sich uns Massen zuwenden, bieten für jeden etwas: Die großen Tageszeitungen lässt man sich als engagierter Bürger schon in der Morgendämmerung vor die Tür legen, damit man sie gleich nach dem Aufstehen beim Frühstück konsumieren kann. Die Zeitungen sind vor allem dazu da, zu wissen, welche Schlagzeilen gerade aktuell sind. Am besten lässt man während des Lesens im Hintergrund das Radio laufen, damit sich alles besser einprägt. Wem Lesen zu mühsam ist, der wendet sich abends den vielen Nachrichtensendungen zu, in denen das Wichtigste zusammengefasst und unterhaltsam präsentiert wird. Wer nicht mehr lesen kann, nur mehr das Fettgedruckte versteht, aber trotzdem lesen will, für den gibt es Gratiszeitungen, wo alles Fette doppelt so fett und noch dazu mit bunten Bildern zu betrachten ist. Diese sozialen Schriftwerke kann man bequem an allen Bahnhöfen, U-Bahn- und Busstationen beheben. So lässt sich die Zeit, die man braucht, um an den Arbeitsplatz zu gelangen, würdevoll und gleichsam ebenso lesend verbringen.

Damit man mitreden und sich eine Meinung bilden kann, ist es unerlässlich, jeden Tag möglichst alle Schlagzeilen zumindest einmal überflogen zu haben. Am wichtigsten sind zweifellos jene Schlagzeilen, die globale Probleme betreffen. Zu diesen wichtigen Weltereignissen sollte man unbedingt eine Meinung haben. Gerade bei Dingen, die man selbst nicht ändern kann, die der eigenen Einflusssphäre ganz und gar entzogen sind, sind sogar besonders kritische Meinungen erlaubt. Gut ist, wenn man sich von solchen Ereignissen stark erregen lässt und rasch eine eindeutige Position bezieht, damit man sie allen, denen man begegnet, mit Vehemenz ins Gesicht schleudern kann. Diese ständige politische Wut ist sehr förderlich, um engagiert zu bleiben. Lokale Schlagzeilen hingegen dienen als Teil der Chronik allenfalls der Unterhaltung. Berichte über die eigenen Politstars verfolge man daher eher aus Interesse an deren Privatleben. Aber auch hier gilt:

Ohnmächtige Empörung gemischt mit Voyeurismus ist die beste Einstellung, um ein kritischer Demokrat zu bleiben.

Wer einen Internet-Zugang hat, kann seine Sehnsucht nach Schlagzeilen ungehemmt befriedigen. Tag für Tag lassen sich hier enorme Mengen überfliegen. Diese Übung ist jedem engagierten Bürger anzuraten. Denn allemal gilt: Je mehr Schlagzeilen man pro Tag lesen kann, für desto informierter darf man sich halten. Zum Glück muss man sich diese Zeilen nicht lange merken, da sie am nächsten Tag ohnehin völlig irrelevant sind. In jedem Fall ist es besser, mehr Schlagzeilen als Bücher zu lesen. Bücher sind einseitig. Sie wollen uns dazu verführen, dass wir uns in etwas Bestimmtes vertiefen, wollen uns auf ihre Seite ziehen. Bücher rauben der Vielfalt ihr Recht und geben so der Objektivität gar keine Chance. Die vielen Schlagzeilen hingegen vermitteln ein wirklich breites und damit richtiges Bild. In ihrer Gesamtheit spiegeln sie das Antlitz der Welt.

Wer gut informiert ist, hat nicht nur ständig alle Schlagzeilen im Kopf, sondern kennt auch alle wesentlichen Meinungen. Da sie freilich niemand im Detail nachlesen und ausforschen kann, reichen in der Regel ein paar Schlagworte aus, um sie annehmen oder ablehnen zu können. Meistens weiß man ja ohnehin, welche Meinungen in welchem Lager vertreten werden. Trotzdem ist es gut zu wissen, wer gerade gegen wen etwas geschrieben hat, damit man die demokratiepolitisch wichtigen Diskussionen mitverfolgen kann. Denn diese kommen später oft ins Fernsehen. Bei diesen Fernsehdiskussionen hat der Informierte dann den Vorteil, schon im Vorhinein zu wissen, wer welchem Lager zuzuordnen ist. Dadurch kann er seine Empörung richtig dosieren, was auf Mitseher einen besonders klugen Eindruck macht.

Die Fortschrittlichen gehen mit der Zeit und nutzen das Internet auch aktiv. Das bedeutet, dass sie sich auf allen möglichen Webseiten eintragen und mithelfen, die für sie wesentlichen Schlagzeilen zu verbreiten. Ein fortschrittlicher Bürger kann heute bequem per Knopfdruck seine Zustimmung und Ablehnung bekannt geben. Je nachdem, welchem politischen Lager er sich zugehörig fühlt, kann er die ihm unterkommenden Meldungen durch entsprechend viele Mausklicks positiv oder negativ bewerten. Besonders Kreative verlinken wichtige Schlagzeilen in eigenen Weblogs oder auf sozialen Plattformen. Das hat den Vorteil, dass man selbst nicht viel schreiben muss. Es genügt, ein wenig zu kopieren und einige pauschale Ansagen hinzuzufügen. Nach solchen journalistischen Großtaten darf man sich dann über eigene Leser freuen, die einem gut platzierten Link auf den Leim gegangen sind. Um diese kleinen Erfolge nicht zu verpassen, sollte man ständig online sein und regelmäßig nachprüfen, ob jemand schon auf die eigenen Links geklickt hat.

Entscheidend ist letztlich die Quantität. Nur jene Schlagzeilen, die am häufigsten vervielfältigt werden, zeigen Wirkung. Die eigene Meinung, die man irgendwo gelesen hat, sollte man daher an jeder möglichen und unmöglichen Stelle weitergeben. Dadurch kann man unglaublich viel bewegen. So könnte etwa jemand vom anderen politischen Lager, also ein gemeingefährlicher Extremist und Dummkopf, diese Meinung lesen und sich ärgern. Man verschwende dabei keine Zeit, sich auf Diskussionen einzulassen, sondern wiederhole beharrlich den eigenen Standpunkt. Diesen sollte man erst dann ändern, wenn ein Stimmungsschwenk im eigenen Lager erfolgt ist.

Um den politischen Feinden die eigene Meinung frei heraus sagen zu können, schreibe man am besten anonym; nicht weil man etwas zu verbergen hätte, sondern um falsche Hemmnisse abzubauen. Anständige Menschen brauchen sich heute für nichts mehr zu genieren. Deshalb ist es auch geboten, ja im Grunde wunderschön, wenn wir intime Details aus unserem Privatleben im Internet veröffentlichen. Das gibt jedem, der es tut, und auch jedem, der das alles mitverfolgt, ein vertrautes, familiäres Gefühl. Jeder darf dabei sein. Niemand wird mehr aus der Gemeinschaft ausgeschlossen, so wie das früher war. Am Internet ist auch praktisch, dass wir hier viele Kontakte knüpfen können, ohne dass wir uns mit echten Menschen auseinandersetzen müssen, die ohnehin entweder hässlich, langweilig oder gemeingefährlich sind. So bleiben wir geschützt und sind vor Enttäuschungen sicher. Um uns trotzdem vor allfälligen Übergriffen, die wir uns im Zuge unserer heldenhaften Bemühungen um die Informationsvervielfältigung zuziehen könnten, zu schützen, befürworten wir am besten umfassende Regulierung und Kontrollen.

Das Internet hat außerdem den Vorteil, dass man vieles gratis bekommt. Leider ist noch viel zu wenig gratis. Immer noch gibt es Zeitungen, die zu bezahlen sind. Das Fernsehen ist zwar, abgesehen von demokratischen Abgaben, ebenso gratis, doch für die im Fernsehen angebotenen Waren muss man in der Regel bezahlen. Im Internet ist das anders. Kluge Konsumenten spüren dort alles auf, was es irgendwo gratis oder verbilligt gibt. Oft kann man sich einige Euro sparen, indem man nicht beim Laden in der Nachbarschaft, sondern am anderen Ende der Welt bestellt. Das Internet ist ein riesiges Versandhaus, das es einem sehr leicht macht, die Wirtschaft zu unterstützen.

Auch reich zu werden ohne Arbeit ist dort zunehmend möglich. Man muss es nur schaffen, möglichst viele Leute auf die eigenen Links zu führen. Dann kann man ihnen Dinge verkaufen, die man weder selbst produzieren noch selbst versenden muss. Das funktioniert alles ganz automatisch. Alle Informationen darüber, wie man auf diese Weise garantiert viel Geld verdienen kann, finden sich im Internet. Diese Informationen sollte man sammeln, lesen muss man sie nicht. Es reicht, sich auf diese Weise zu motivieren.

Sollte der eigene PC einmal in Reparatur sein, sodass man beim Informationserwerb eine unfreiwillige Pause einlegen muss, könnte man dazu geneigt sein, aus der Last der Gewohnheit zu einem Buch zu greifen. Dabei beachte man, keine Zeit darauf zu verschwenden, etwas zu lesen, das sonst niemand liest. Am sichersten ist es, zu einem der Bestseller zu greifen. Denn viele haben diese Titel schon in den Massenmedien gesehen und können daher mitreden. Das Lesen dieser Bücher geht in der Regel auch recht schnell, wenn man sich überhaupt damit aufhalten möchte. Ein bisschen überfliegen, um sich zu bestätigen, dass die eigene Meinung darüber, die man irgendwo gelesen hat, richtig ist, reicht völlig aus.

Bücher haben die Funktion, Anknüpfungspunkte für den Meinungsaustausch zu bieten und so Experten für Talkshows zu produzieren. Sie kommen jedoch aus der Mode, weil heute schon ein Weblog reicht, um ein Experte zu werden. Zeitungen sind ebenso etwas altmodische Formen massenmedialer Unterhaltung, mit denen man sich am Wochenende oder in der U-Bahn die Zeit vertreiben kann. Der Fernseher ist nach wie vor wichtig, um den Feierabend zu verbringen. In der Freizeit hat man sonst ohnehin keine Zeit und Muße für anderes: Per Knopfdruck kann man sich ein fertiges Freizeitprogramm vorsetzen lassen. Das Internet hingegen hat den Vorteil, dass man es auch in der Arbeitszeit konsumieren kann, weil es über den Firmen-PC zugänglich ist. So kann man heute immer leichter seiner Bürgerpflicht nachkommen, ständig umfassend informiert zu sein und keine Schlagzeile oder Gräuelmeldung zu verpassen.

Um auch anderen dabei zu helfen, ihrer Pflicht nicht zu entkommen, sollte man jedermann auf die aktuellen Schlagzeilen ansprechen und besonders wichtige auch per E-Mail verschicken. Am besten unterfüttert man diese wichtige nachrichtendienstliche Tätigkeit mit etwas Unterhaltung in Form von Videos, die im Internet kursieren. Videos, die viele angesehen haben, werden derart bedeutend, dass sie es immer öfter in die Schlagzeilen schaffen. Da solche Internet-Phänomene den Vorteil haben, Schlagzeilen ganz ohne komplizierten Text und Hintergrund auf besonders demokratischem Wege zu erzeugen, schenke man ihnen ganz besonderes Augenmerk. Wer alle Links anklickt, die bereits von vielen angeklickt wurden, verhindert, Wichtiges zu verpassen und bleibt vollkommen informiert.

Bildung

Bildung ist das Wichtigste überhaupt, vor allem deshalb, weil sie einem später einen guten Arbeitsplatz verschafft, an dem man es gemütlich hat, sich nicht wirklich anstrengen muss und trotzdem viel Geld verdient. Gebildete haben den Vorteil, dass jegliche Arbeit, die wirklich unangenehm ist, den Ungebildeten vorbehalten bleibt oder jenen armen Teufeln, die das Pech hatten, aus dem Ausland in unser Paradies zu flüchten. Deshalb sollten wir unseren Kindern von Anfang an die besten Bildungschancen geben. Das heißt, wir sollten ihnen nicht bloß einen Fernseher und einen Internet-Zugang zur Verfügung stellen, sondern sie noch zusätzlich dazu zwingen, möglichst lange die bereitgestellten Bildungsinstitutionen zu besuchen und dort alles, was man ihnen sagt, zu tun, damit sie am Ende ein positives Zeugnis bekommen.

Der Sinn des Ganzen liegt weniger in den Informationen, die sie dort erhalten. Die wichtigsten Informationen bezieht man ohnehin aus den Medien. Der Sinn liegt vielmehr im Erlernen der sozialen Fähigkeiten, die unsere Kinder später brauchen. Deshalb ist es gut, sie schon möglichst früh an diese Institutionen abzugeben. Am besten ist es, sie gleich nach der Geburt oder nachdem sie Gehen gelernt haben, in einen Ganztagskindergarten zu überstellen. Dadurch haben sie dann später in der Schule einen großen Vorteil: Sie sind schon daran gewöhnt, den ganzen Tag mit Gleichaltrigen in geschlossenen Anstalten zu verbringen. Je früher man also mit der Bildung beginnt, desto besser.

Außerdem ist es zweifellos so, dass sich die wichtigen Informationen, die jeder wissen muss, rapide ändern. Daher sind Ältere per definitionem weniger gebildet als Jüngere. Das Wissen der Älteren ist längst überholt. Allein deshalb macht es Sinn, die

Kinder in diese Anstalten zu überstellen: weil sie auf diese Weise dem schädlichen Einfluss ihrer in der Regel ungebildeten Eltern entzogen werden. Das ist zwar eine bittere Einsicht, aber so ist es eben. Und so bitter ist es nun wiederum auch nicht. Denn wir Eltern haben andere Sorgen, als uns um die Bildung unserer Kinder zu kümmern: Wir müssen das Geld, das uns als Folge unserer eigenen früheren Bildung am Arbeitsplatz immer noch zugeteilt wird, möglichst effektiv ausgeben und dadurch unseren Kindern ein Vorbild und ein sozialer Ansporn sein.

Damit alle die gleichen Chancen haben, ist es wichtig, dass alle das Gleiche lernen. Was die Kinder dabei lernen, ist nicht so wichtig; Hauptsache, es steht im demokratisch legitimierten Lehrplan. Und seien wir ehrlich: Wirkliches Wissen ist heute nicht mehr notwendig, weil es ja ohnehin kaum noch jemand hat. Immer seltener gerät man in Situationen, in denen man für andere als ungebildet gilt – und diesbezüglich in Verlegenheit. Es macht also gar nichts aus, in einem herkömmlichen Sinn ungebildet zu sein. Außerdem bekommt man ohnedies alle wichtigen Informationen aus dem Internet. Darum ist es auch so wichtig, die Kinder möglichst früh an das Internet heranzuführen, nicht zuletzt auch deshalb, weil sie als Gebildete aller Voraussicht nach ihren Arbeitsplatz vor dem Computer haben werden. Und früh übt sich, wer ein Meister werden will.

Eine wesentliche Aufgabe besteht heute darin, schon möglichst früh Sensibilisierung für die Weltprobleme zu erzeugen. Dies weckt bei den Kindern die richtige Mischung aus Schuldgefühl und Ohnmacht, sodass sie dann später nicht enttäuscht werden. Kinder müssen von Anfang an mit für sie unlösbaren gesellschaftlichen Problemen konfrontiert werden. Das ist eine der wichtigsten Bildungsaufgaben überhaupt. Denn nur so werden sie für ihre spätere Rolle als Wähler bestens vorbereitet. Falls alles gut geht, werden sie sich über die richtigen Dinge zur richtigen Zeit entrüsten und erwartungsgemäß jene wählen, die diese dringenden Probleme auch zur Zufriedenheit aller lösen können.

Zum Glück übernehmen die meisten Lehrer diese erzieherische Aufgabe sehr gerne und gänzlich freiwillig, da ihnen das Politisieren im Blut liegt wie den Zigeunern das Musizieren.

Entscheidend ist ein möglichst langer Aufenthalt in diesen Bildungsanstalten, der, wie gesagt, mit Zwang durchgesetzt werden muss. Geeignete Eltern erkennen, dass das auch in ihrem eigenen Interesse ist, denn so haben sie Ruhe von ihren Kindern, müssen sich um deren Bildung keine Sorgen machen und können ungestört ihrer Arbeit und Freizeit nachgehen. Ungeeignete Eltern hängen an ihren Kindern und mischen sich in ihre Bildungsangelegenheiten ein. In diesem Fall ist es das Beste, ihnen das Sorgerecht zu entziehen. Jeder weiß, dass solche Eltern gemeingefährliche Spinner sind, die ihre Kinder oft missbrauchen. Gerade weil Bildung so unendlich wichtig ist, muss jeder Widerstand ausgemerzt werden. Außerdem sollte man immer größere Mittel für diese Bildung aufwenden. Für Bildung wird immer zu wenig Geld eingesetzt, obwohl sich alle Experten darüber einig sind, dass Bildung eine Investition in die Zukunft ist. Je mehr Geld, desto mehr Bildung; nur Ungebildete wissen das nicht.

Das Wichtigste in der Schule ist die Sozialisierung, die Anpassung der Kinder an ihre Altersgenossen. Falls sie positiv verläuft, fügen sich die Kinder später besser in die Gesellschaft ein. Das ist die entscheidende Vorbereitung auf ihr Berufsleben. Welche Kenntnisse sie genau brauchen werden, ist nicht absehbar, darum kann auf die Vermittlung von solchen auch verzichtet werden. Moderne Lehrer wissen das und sind bereits dazu übergegangen, überwiegend mithilfe neuer Medien zu unterrichten oder gemeinsam in der Zeitung zu lesen, fernzusehen oder Radio zu hören. So wird der natürliche Hang der Kinder zum spielerischen Lernen noch verstärkt und eine gewisse Leichtigkeit entsteht. Bei diesem sogenannten oberflächlichen Lernen, das sich pädagogisch durchzusetzen beginnt, geht es vor allem darum, möglichst viele Inhalte schon einmal gesehen zu haben. So haben die Kinder, wenn sie später im Berufsleben etwas Bestimmtes brauchen, gleich das richtige Schlagwort parat und können das Gesuchte im Internet auch so ungefähr finden.

Echte Kenntnisse zu erwerben, wäre im Stadium der Bildung noch zu früh. Was später an Kenntnissen gebraucht wird, muss vor Ort am Arbeitsplatz vermittelt werden. Denn erst dort wird klar, welche Computerprogramme für welche Zwecke bedient werden müssen. Die Kenntnisse, die einmal gebraucht werden, sind also nicht absehbar. Was hingegen absehbar ist, dass sich die zukünftigen Arbeitsplätze unserer Kinder in großen, geschlossenen Anstalten mit Massen gleichartiger Menschen befinden werden. Darum ist die Schulklasse auch dem Großraumbüro nachempfunden. Darauf gilt es die Kinder vor allem psychisch vorzubereiten: Sie müssen daran gewöhnt werden, mit einer stillen Angst zu leben. Denn auch später kann ihnen jederzeit jemand über die Schulter blicken. Jederzeit kann es am Arbeitsplatz passieren, dass man über Dinge, die man nicht finden kann, Auskunft geben muss. Und man muss auch lernen, wie man mit einem negativen Feedback von Vorgesetzten umzugehen hat.

Eltern haben deshalb die Aufgabe, den Schulbetrieb moralisch zu unterstützen. Das bedeutet, die Bildung extrem wichtig zu nehmen. Alles sollte auf die Schule hin ausgerichtet sein. Als Gesprächsthema unter Eltern eignen sich deshalb ganz hervorragend die schulischen Leistungen ihrer Kinder. Als Ventil ist dabei empfohlen, über die Lehrer ordentlich zu lästern. Da man von Eltern nicht erwarten kann, Verantwortung für Bildung und Erziehung ihrer Kinder zu übernehmen, liegt alles an den Lehrern. Eine ohnmächtige Wut, aus der man nie Konsequenzen ziehen kann, ist hier am besten, damit der Schulalltag ständig präsent bleibt.

Wer unbedingt etwas zur Bildung seiner Kinder beitragen will – obwohl Eltern davon in der Regel keine Ahnung haben, weil sie eben keine ausgebildeten und zertifizierten Pädagogen sind –, dem bleibt die Möglichkeit, Nachhilfelehrer anzuheuern. Dies ist zulässig, wenn man sich dabei streng an den Lehrplan hält und hilft, die Kinder an den Durchschnitt heranzuführen. Den Ärger über die Unverschämtheit, dass man dafür auch noch bezahlen muss und es nicht gratis bekommt, kann man an den Kindern auslassen, indem man ihnen möglichst viel Druck macht. So hilft man ihnen, sich den schulischen Erfordernissen anzupassen. Dabei achte man darauf, dass die Nachhilfelehrer ihre Aufgabe nicht missverstehen und ihre Zeit damit verschwenden, den Kindern ein tieferes Verständnis beizubringen. Das braucht zu viel Zeit und steigert die Kosten. Es geht allein darum, die Prüfungen zu bestehen. Ein guter Nachhilfelehrer ahnt, was zur Prüfung kommt, und paukt es in die Köpfe. Wenn es die Kinder trotzdem nicht schaffen, sind die Lehrer schuld. Dann setze man sich beim Elternsprechtag lautstark dafür ein, die übertriebenen Anforderungen nach unten zu korrigieren. Je mehr Schüler gute Noten haben, desto höher ihre Bildung. Je mehr Bildung, desto besser.

Nach der Pflichtschulzeit wird die Unterschicht aussortiert, um sie auf Berufe vorzubereiten, in denen manuelle Arbeit geleistet werden muss. Je kleiner diese Unterschicht, desto besser. Dank des Einsatzes von immer mehr Geld und der Anpassung der Bildung an die realen Erfordernisse unserer Zeit können immer mehr Kinder bis zur Reifeprüfung in der Schule behalten werden. Das sind noch zusätzliche Jahre in derselben geschlossenen Anstalt, was sich vorteilhaft auf die Sozialisation auswirkt. Die Inhalte sind dabei nebensächlich. Hauptsache, sie sind möglichst für alle gleich, damit niemand ungerechterweise mehr unnötiges Wissen erlernen muss als ein anderer, und möglichst politisch, damit alle bei der Stange bleiben und später keine Schwierigkeiten machen. Deshalb muss Bildung auch von staatlichen Behörden durchgeführt werden.

Die Reifeprüfung ist ein besonders wichtiger Punkt im Leben eines jungen Menschen. Sie sollte schon Jahre vorher vorbereitet werden, indem man möglichst viel Druck aufbaut. Die Aufgabe besteht darin, das Wichtigste von dem, was man in den Schuljahren gesehen und gehört hat, schriftlich zu reproduzieren und mündlich in Schlagworten zusammenzufassen. Dabei gilt es, in professioneller Kleidung erwachsen und gefasst zu wirken, die gestellten Fragen unmissverständlich und in möglichst einfacher Form zu beantworten und sich am Ende, wenn man es geschafft hat, bei allen Lehrern – auch beim Prüfungsvorsitzenden, Direktor und Administrator – für die schöne Schulzeit zu bedanken. Allein, dass man als für reif erklärter Schüler dazu genötigt wird, auch den Sadisten und Hohlköpfen, die man jahrelang ertragen musste, freudestrahlend die Hände zu schütteln, ist für die Sozialisation von unschätzbarem Wert. Wie sollte man sonst auch später, wenn man an solche Rituale nicht gewöhnt wird, ein positives Verhältnis zur Obrigkeit bekommen?

Obwohl die Reifeprüfung so unendlich wichtig ist – und eines Tages, wenn es mehr Geld für Bildung gibt, wird jeder sie ausnahmslos bestehen –, hat sie für das tägliche Leben der Jugendlichen kaum eine weitere Bedeutung. Und zwar nicht bloß deshalb, weil das in der Schulzeit Gehörte am Arbeitsplatz nicht mehr gebraucht wird, sondern vor allem, weil allgemein anerkannt ist, dass man nach der Reifeprüfung seine Bildung nicht mehr abbrechen kann. Dank des sozialen Drucks weiß jeder Jugendliche, dass er noch viele Jahre Bildung anschließen muss, denn sonst wären alle seine bisherigen Bemühungen umsonst gewesen. Bildung schafft demnach immer mehr Bildung, was ja das Schöne an der Sache ist.

Nach der Reifeprüfung folgt also ein Studium. Und auch hier gilt: Je mehr Studenten, desto mehr Bildung. Damit es auch genügend Studenten gibt, sollten wir Gebildeten unseren Kindern im Laufe der letzten Schuljahre erzählen, wie großartig das Studentenleben ist, das ihnen dann, wenn sie alles geschafft haben werden, bevorstehen werden wird. Dabei empfiehlt es sich, Schwänke aus der eigenen Studienzeit zum Besten zu geben, etwa wie leicht alles war, dass man bei manchen Professoren so gut wie gar nichts lernen musste, wie gut es einem gelungen ist, bei schwierigen Prüfungen zu schummeln, und dass einem bis heute nicht klar ist, wie man trotz des vielen Saufens und der vielen Feste die Abschlussarbeit schaffen konnte, an die man sich ohnehin kaum mehr erinnern kann. Das macht Mut, die Reifeprüfung zu bestehen, und schafft Vorfreude auf ein bequemes Leben ohne große Anforderungen.

Den Jugendlichen ist dringend anzuraten, möglichst ein Studium zu wählen, das auch viele andere studieren, denn so können sie kaum falsch liegen. Die Hauptsache – und geeignete Eltern wissen das – ist der Abschluss. Worin dieser Abschluss erfolgt, ist zweitrangig. Für die Studienwahl gibt es vor allem zwei Kriterien: Man hält erstens danach Ausschau, wo sich möglichst viel Geld verdienen lässt und wählt anhand der Informationen, die man aus den Massenmedien hat, besonders lukrativ und anerkannt scheinende Berufe, um sich dann für ein ähnlich klingendes Studium zu entscheiden. Um sich zusätzlich zu motivieren, empfiehlt es sich, dieses Studium mit einer Berufsausbildung zu verwechseln. Das zweite und weitaus realistischere Kriterium ist, danach auswählen, welches Studium am einfachsten erscheint, denn schließlich hat man schon zwölf oder dreizehn Jahre Schulzeit hinter sich und möchte sich von diesen Strapazen erholen. Die Übereifrigen können auch die großen öffentlichen Studien- und Berufsmessen besuchen, die mehrmals im Jahr stattfinden. Dort können sie ihre Daten von eigens geschultem Fachpersonal in ein Computerprogramm aufnehmen lassen, das in Sekundenschnelle die vorhandenen Talente mit den vorhandenen Ausbildungs- und Arbeitsmöglichkeiten vergleicht.

Sobald man sich einmal inskribiert hat, erwirbt man neue Ansprüche, die sehr vorteilhaft sind. Als Student erhält man einiges gratis. Auch mehr Geld kann man bekommen, wenn man nicht das Pech hat, dass die Eltern bereits zu viel davon haben. In der Regel läutet das Studium jenen neuen Lebensabschnitt ein, in dem man sein Taschengeld nicht mehr von den Eltern, sondern vom Staat erhält. Wem das nicht reicht, der kann jederzeit ein

Studentenkonto eröffnen, dieses überziehen und anschließend, um seine Schulden abzuarbeiten, anstrengende, uninteressante Jobs machen, in denen er ausgebeutet wird. In den ersten Jahren hält einen die neue Freiheit noch bei Laune. Schließlich wird die Sehnsucht nach mehr Geld so groß, dass man das Studium entweder abbricht, um sich dauerhaft diesen uninteressanten Jobs zuzuwenden, oder rasch weiter Dienst nach Vorschrift tut, um endlich fertig zu werden.

Das Studentenleben definiert sich im Wesentlichen über das, was außerhalb der Universität passiert. Neben gelegentlichem Engagement und jährlichen Praktika steht vor allem die Freizeit im Mittelpunkt. Ziel dieser Freizeit ist es, die Kindheit künstlich zu verlängern und das Erwachsenwerden hinauszuzögern. Ein wichtiges Element dieser Freizeit bildet die urbane Bobo-Kultur, die Kultur der alternativen Spießer, eine komplexe Struktur kultischer Codes und Riten, die sich in einem einheitlichen Kleidungsstil, Musikgeschmack und Veranstaltungskult manifestiert. Um beim Studium zügig voranzukommen, ohne bei der Freizeit allzu große Kompromisse machen zu müssen, hält man sich am besten streng an das unbedingt Nötige, um sicher durchzukommen. Professoren, die besonders wenig Leistung verlangen, sollte man vorziehen und bei der Evaluierung besonders gut bewerten. Wenn man eigenen Interessen folgt, so am besten solchen, die hinreichend diffus sind, sodass sie keinen wesentlichen Mehraufwand bedeuten, sondern vor allem Ablenkung bieten.

Je länger man an der Universität verbleibt, desto weniger Alternativen bleiben, denn für eine normale Berufslaufbahn ist man schon viel zu alt. Die Ausbildung ist also beendet, wenn sichergestellt ist, dass man für keinen ehrlichen Beruf mehr geeignet ist. Erst dann ist man bereit, sich voll auf Höheres zu konzentrieren. Gerade in solche Menschen, die derart ausgebildet sind, dass ihnen die Bildung schon bei den Ohren herausrinnt, die eine weitere Bildung gar nicht mehr ertragen könnten, weil sie sonst vor lauter Wissen platzen würden, darf man die größten Erwartungen setzen, vor allem politisch. Jedenfalls können diese Menschen nach ihren Studienjahren davon ausgehen, einen Anspruch auf einen gut bezahlten Arbeitsplatz zu haben. Falls sie nach ihrer fertigen Berufsausbildung an der Universität keinen Beruf vorfinden, weil sie nicht die richtigen Kontakte haben, können sie sich immer noch wutentbrannt so lange engagieren, bis sie irgendwo unterkommen. Wer einen akademischen Abschluss in der Tasche hat, hat sich seinen Arbeitsplatz verdient, denn das jahrelange Auswendiglernen muss doch schließlich einen Sinn gehabt haben.

Beruf

Nach der Ausbildung ist es nun endlich aus mit der Bildung und das unangenehme Lernen hat ein Ende. Falls man nichts Wesentliches geerbt hat, bleibt einem jetzt nichts anderes übrig, als arbeiten zu gehen, das heißt den Anspruch auf einen Arbeitsplatz, den man sich im Laufe dieser Ausbildung erschwindelt hat, einzulösen. Der Arbeitsplatz bleibt einem nicht erspart. Und er steht einem gesetzlich bis zur Rente zu. Das hat, gelinde gesagt, einen schalen Beigeschmack. Denn instinktiv weiß man, dass das bisschen Idealismus, das bisschen Feuer, das einem vielleicht noch in den Adern brennt, am Ende der Dienstzeit verloschen sein, dass man zu den Verlierern gehören werden wird, auch oder gerade wenn man es ganz bis nach oben schafft, so oder so. Das ist alles andere als lustig.

Doch da muss man einfach durch. Da hilft kein Lamentieren. Und politisch ist es sogar ziemlich wichtig, sich in diesen Dingen am Riemen zu reißen und ordentlich mitzumachen. Denn es ist einfach unabdingbar, dass alles so weiterläuft wie bisher, dass auch unsere Kinder und sonst alle, die nach uns kommen, ausgebildet werden, wie wir es wurden, und sich ihrerseits ihren Anspruch auf einen Arbeitsplatz erwerben. Das Hamsterrad darf nie stillstehen, nie zur Ruhe kommen. Es muss sich weiter und weiter drehen. Und falls es quietscht, wird es gleich ordentlich geschmiert, notfalls unter Aufbietung aller Kräfte. Das ist der soziale Sinn der Arbeit, vor allem im Berufsleben. Der eigentliche Sinn freilich ist das Geld.

Ein Arbeitsplatz ist, wie der Name schon sagt, ein Platz, an dem man sich täglich einfindet, um seiner Arbeit nachzugehen. Zumindest hat man eine gewisse Stundenanzahl pro Woche dort abzusitzen, was man eine Beschäftigung nennt. Verlieren kann man diesen Arbeitsplatz leider nie, denn im Notfall bekommt man rasch einen neuen zugeteilt oder wird, falls alle Stricke reißen, vom Arbeitsamt so lange weiter ausgebildet, bis man schließlich ein Sozialfall wird, was ja gewissermaßen ebenso ein Arbeitsplatz ist, zumindest etwas, das einen dauerhaft beschäftigt. Also langweilig wird einem schon nicht werden.

Unter Arbeit versteht man im Allgemeinen den Bezug eines regelmäßigen Gehalts, das den gesetzlichen Vorgaben und dem eigenen Ausbildungsniveau entspricht. Noch allgemeiner könnte man sagen, dass Arbeit etwas ist, das man rein prinzipiell nicht um ihrer selbst willen tut. Sie definiert sich als ein mühevoller Dienst für fremde Zwecke, der einem stets ein gehöriges Maß an Arbeitsleid beschert, das aber freilich mit Geld abgegolten wird; manchmal auch mit sehr viel Geld. Das ist der Grund, warum der Systemtrottel letztlich arbeiten geht und warum er sein Leben lang glaubt, dass er es aus freien Stücken tut. Papier ist geduldig.

Die allermeisten Arbeitsplätze, vornehmlich jene, die den Gebildeten zuteilwerden, finden sich heute an kleinen Schreibtischen mit großen Bildschirmen. Dort erledigt der Arbeitnehmer, speziell der gebildete, Aufgaben, die für ihn persönlich völlig sinnlos sind, auf die er im Leben niemals von selbst gekommen wäre und die er nur deshalb vor sich liegen hat, weil sie ihm ein Vorgesetzter zuweist. Das Ziel der Arbeit kann logischerweise also nur Folgendes sein: Mit möglichst geringem Aufwand durch dieses Schlamassel irgendwie durchzukommen und nicht unangenehm aufzufallen, damit das Gehalt auch weiterhin regelmäßig und ungestört aufs Konto gelangt.

Am besten ist es daher, die Arbeit emotionslos und möglichst rasch zu erledigen und stets, auch wenn man schon mit ihr fertig ist, so zu tun, als ob man immer noch beschäftigt wäre, sodass die Vorgesetzten einem nicht noch zusätzliche Arbeit aufbrummen. Die restliche Zeit, die man dann noch am Arbeitsplatz verbringen muss, kann man sich damit vertreiben, im Internet zu surfen, die Wände mit lustigen Witzen über die Arbeitswelt zu bekleben oder hinter dem Rücken von Kollegen und Vorgesetzten über diese zu tratschen. Bösartige Gerüchte sind dabei besonders unterhaltsam.

Ist man mehrere Jahre lang nicht aufgefallen, kann man die nächste Sprosse der Karriereleiter erklimmen. Karriere nennt man all jene gesetzlichen Ansprüche, Tricks und Glücksfälle, die in Summe zu mehr Geld führen. „Karriere" kommt von „laufen". Und in der Tat ist sie ein Wettlauf mit den Kollegen, die natürlich auch alle mehr Geld und Anerkennung wollen.

Je älter man wird, desto mehr Geld braucht man, auch weil das Arbeitsleid beständig größer wird, sodass man immer mehr und mehr Geld ausgeben muss, um es einigermaßen ertragen zu können. Je älter man wird, desto mehr muss man auch aufs Äußere achten, um die verwelkten Züge und die kaputten Ideale zu kaschieren. Auch tauchen, besonders in der Mitte des Lebens, wenn man sich sicher sein kann, dass man die beste Zeit bereits hinter sich hat und es kaum mehr Chancen auf Veränderung gibt, jede Menge arbeitsferner Wünsche auf, die ziemlich kostspielig sind. Es empfiehlt sich daher, diesen Wettlauf zu gewinnen, will man nicht ein frustrierter Bürodiener werden, der sich tagaus, tagein die gleichen Scherze anhören muss, die man sich in den Kaffee- und Zigarettenecken halt so erzählt.

Gewinnen lässt sich dieser Wettlauf jedenfalls nicht, indem man fleißig arbeitet. Das ist bloß ein Gerücht. Wer solchen Gerüchten Glauben schenkt, der findet sich am Ende seiner Karriere meist dort wieder, wo er am Anfang gestanden hat. Am ehesten noch lässt sich eine Karriere dann bewerkstelligen, wenn man sich aufs geschickte Taktieren versteht sowie auf das Anzetteln und Steuern von Intrigen. Je nach Charakter und Talent kann man sich noch zusätzlich durch Drohen und Brüllen profilieren oder – so machen es die Meister – eine angstvolle Stimmung verbreiten, die das gesamte Büro mit einem derart unheimlichen Schatten belegt, dass alle Arbeitnehmer sämtliche Tricks der Faulheit über Bord werfen, nur um vom Chef zumindest ein paar Minuten lang geliebt zu werden.

Wer Karriere machen will, muss andere emotional von sich abhängig machen können und seine Intelligenz vor allem strategisch einsetzen. Für die Inhalte hat man seine talentierten Untergebenen, die man durch kleine Belohnungen dankbar stimmt und so auf ihren Arbeitsplatz fixiert. Das ist der Weg, auf dem sich Führungstalente durchsetzen. Hat man einmal eine höhere Position errungen, so darf man sein Ego dadurch aufwerten, es alle Untergebenen spüren zu lassen, dass sie in der Rangordnung des Geldes weiter unten stehen.

Den Anspruch auf einen Arbeitsplatz löst man am ehesten bei staatlichen oder zumindest staatsähnlichen, das heißt vorwiegend bürokratisch strukturierten und somit unübersichtlichen Organisationen ein. Das hat mehrere Vorteile: Zum einen kann man sich in solchen Organisationen am leichtesten verstecken. Man kann dort regelrecht untertauchen und als Lemure in der Besenkammer ein Schattendasein führen, trotzdem aber, was das Gehalt betrifft, Biennalsprünge für sich verbuchen. Zum anderen hat man dort, selbst als Faulpelz oder Dummkopf, die höchsten Chancen, seinen Arbeitsplatz gewissermaßen direkt, das heißt ohne Vergleich mit anderen Arbeitsuchenden, also nur durch persönliche Kontakte, zu bekommen. Das ist besonders für die gebildete Oberschicht interessant, die ja auch irgendwo unterkommen muss.

Außerdem sind Arbeitsplätze in großen bürokratischen Organisationen, im Unterschied zu jenen in kleinen Unternehmen oder Handwerksbetrieben, stets sicher, weil der Staat ja dafür sorgt, dass uns die Arbeit nie ausgeht. Das ist auch einer der wesentlichen Gründe, warum er so immens viel Geld braucht: Je mehr Geld der Staat nämlich hat, desto mehr Arbeitsplätze kann er schaffen. Und je mehr Arbeitsplätze er schafft, desto mehr Arbeit haben auch wir. Und je mehr Arbeit wir haben, desto mehr Geld haben wir schließlich auch. Echt genial ist das. Das muss einem einmal einfallen. Das ist total fein. Und gerecht ist es obendrein, weil die viele Arbeit, die wir in diesen Organisationen verrichten, ja letztlich allen zugute kommt. Jeder profitiert von dieser Arbeit. Und jeder kann sehen, wie alles immer schöner, besser, ordentlicher und auch gerechter wird, sodass man sich zunehmend weniger Sorgen über die Zukunft machen muss.

Weniger fein ist, dass es heute allzu oft am Geld mangelt. Nicht, dass es insgesamt zu wenig davon geben würde. Das ist durchaus nicht der Fall. Denn alles, was hier Eselsohren und Risse hat oder zumindest irgendwie verwurschtelt ist, wird reichlich nachgedruckt. Darüber muss man sich gar keine Sorgen machen. Der Sorgenpunkt ist ausschließlich die Gier, vor allem jene der Manager und Banken, die sich den Löwenanteil nehmen, sodass für uns kleine, aber brav und ehrlich arbeitende Menschen zu wenig übrig bleibt. Und politisch gesprochen: Wie kann es sein, dass *unsere* Gier, die doch insgesamt um vieles größer sein muss als jene der Manager und Banken, allein deshalb, weil wir in der Überzahl sind, ins Hintertreffen gerät? Da sollten wir schleunigst etwas ändern.

Nur politische Wachsamkeit kann dieser Sittenlosigkeit ein Ende bereiten, die es womöglich noch mit sich bringt, dass unser Arbeitsplatz ins Wanken gerät. Wir dürfen es nicht zulassen, dass unsoziale Elemente unsere Arbeit einfach einsparen. Wo kämen wir da hin. Und wie kann es denn bitte möglich sein, dass unsere Arbeit überhaupt eingespart werden kann, wenn wir doch ohnehin unentwegt beschäftigt sind, wenn einer uns beschäftigt? Wenn wir beschäftigt werden, dann haben wir ja wirklich etwas zu tun.

Sonst würden wir uns natürlich niemals mit solchen Dingen beschäftigen, weil die uns im Grunde gar nicht interessieren. Wenn keiner zahlt, würden wir unseren Arbeitsplatz sofort verlassen. Nur Idioten arbeiten für andere, vor allem ohne Geld. Außerdem ist es kränkend, wenn unsere Arbeit nicht geschätzt wird. Deshalb müssen wir jene, die Bedenken haben, politisch dazu zwingen, sich über unseren Arbeitswillen mehr zu freuen. Wenn alle Stricke reißen und uns tatsächlich keiner mehr beschäftigen sollte, würden wir jedenfalls schlagartig mit dem Arbeiten aufhören, und zwar solidarisch. Wir würden nicht einmal für die wichtigsten Dinge des Lebens mehr arbeiten, wenn wir keinen Arbeitsplatz mehr hätten. Allein aus Solidarität würden wir in ohnmächtiger Wut verharren, während wir die uns zustehenden Sozialleistungen ausnutzen.

Besonders Mutige könnten in einem solchen Fall dazu neigen, sich selbstständig zu machen. Etwas Eigenes umzusetzen ist dabei eine sehr schlechte Idee. Am einfachsten ist die Selbstständigkeit dann, wenn man die bisherige Arbeit als „freier Dienstnehmer" fortsetzt. Denn so ist sie meist erzwungen und lässt hinreichend wenig Spielraum. Eine kleine Minderheit könnte sich sogar dazu verleiten lassen, ein sogenanntes Start-up-Unternehmen zu gründen. Dabei handelt es sich um einen Arbeitsplatz, der, im Unterschied zu anderen, meist mehr Arbeitseinsatz erfordert und deutlich weniger Geld einbringt. Das Einzige, das dafür spricht, ist die mögliche Anerkennung durch junge, urbane Trendsetter.

Ein Start-up beginnt man traditionell damit, sich um Förderungen zu bewerben. Dazu muss man Ansuchen formulieren und Geschäftspläne erfinden können, bei denen visionäre Worte, optimistische Zufallszahlen und eine schicke grafische Gestaltung im Zentrum stehen. Nur so bekommt man bei den zuständigen Behörden den Zuschlag. Leider sind die Förder-Gehälter für Unternehmer zeitlich beschränkt und um Versicherungen und andere Ansprüche muss man sich ebenso selbst kümmern. Deshalb sollte man sich stets politisch intensiv und selbstständig dafür einsetzen, neue Förderungen zu erschließen oder gar Aufträge an Land zu ziehen. Am ehesten finden sich Aufträge für Start-ups bei staatsnahen Organisationen. Der Grund dafür ist, dass solche Organisationen Gelder in der Regel für höhere Zwecke einsetzen können als solche, für die man etwas Reales produzieren müsste. Etwas Reales zu produzieren wäre viel zu teuer. Für solche Dinge fehlt den Start-ups meist das Geld.

Wer das Glück hat, einen Arbeitsplatz zugeteilt zu bekommen, der seiner eigenen sozialen Schicht entspricht, kann sich nun endlich entspannen und auf die Freizeit konzentrieren. Freizeit nennt man jene Zeit, in der man seiner Berufung folgen könnte, wenn man nicht zu erschöpft oder zu beschäftigt dafür wäre. Berufungen lassen sich am Arbeitsplatz nicht verwirklichen, denn mit Berufungen verdient man kein sicheres Gehalt. Da Arbeit, die keine Berufung ist, bis ins Mark erschöpft, sollte man versuchen, bereits am Arbeitsplatz ein wenig abzuschalten, damit zumindest die Zeit schneller vergeht. Am Feierabend erfolgt dann der wohlverdiente Bildschirmwechsel vom PC zum Fernseher. Wer untertags nicht genügend abschalten konnte, kann sich jetzt noch zusätzlich mit Kartoffelchips belohnen oder mit Bier zudröhnen, um das Arbeitsleid und die verflossenen Träume zu vergessen, zumindest bis zum Einschlafen.

Falls sich in der Freizeit, vor allem an den Einkaufssamstagen und im Urlaub, die Kräfte für Aktivitäten wieder mobilisieren lassen, so kann man sie fürs Konsumieren nutzen. Da die Freizeit das Ziel der Arbeit ist, sollte man sein Einkommen auch möglichst für Freizeitartikel ausgeben. Das hat eine innere Logik und macht Sinn. Damit alles spannend bleibt und mehr Bewegung ins Spiel kommt, kann man dabei auch versuchen, die Nachbarn und Kollegen mit teuren und modernen Freizeitartikeln zu übertrumpfen. So kann man den Wettlauf, den man bereits am Arbeitsplatz hat, auch auf die Freizeit ausdehnen, damit man in Schuss bleibt. Gewinnen wird man dieses Spiel leider nie, weil es immer Leute geben wird, die diesbezüglich in einer ganz anderen Liga spielen. Aber so ist es eben. Dafür hat man seinen sicheren Arbeitsplatz. In den gesetzlich vorgeschriebenen Ferien, in denen man aus gesundheitlichen Gründen wochenlang vom Arbeitsplatz ferngehalten wird, darf man dann mit dem Lebenspartner all jene Probleme besprechen, die sich das Jahr über beim Fernsehen angestaut haben. Da ist wahrlich mancher froh, wieder an seinen wohlvertrauten Arbeitsplatz zu gelangen.

Ein Gedanke hilft uns aber stets über die Zeit der Arbeit hinweg: Eines Tages werden wir in den verdienten Ruhestand treten können. Dann könnten wir endlich all das tun, wofür wir bisher keine Zeit und kein Geld hatten – wenn wir nicht längst zu alt und zu bequem wären. Darum heißt es ja Ruhestand: Es handelt sich um ein vertikales Begräbnis, das unseren letzten Weg einleitet. Nur der Fernseher kann uns dann noch etwas Trost durch Ablenkung bescheren. Weil wir berufsbedingt niemals wirklich Zeit für unsere Kinder hatten, sollten wir nach unserer Berufslaufbahn auch ihre Zeit nicht mehr allzu beanspruchen. Zugunsten der Karriere hätten wir eigentlich auf Kinder auch verzichten können.

Entscheidend sind jetzt allein die erworbenen Ansprüche, die uns im Ruhestand finanzieren. Möglichst viel Geld im Ruhestand zu haben, ist unser Menschenrecht. Damit es noch irgendeinen Sinn hat und bevor es anderen, womöglich unseren Kindern, zufällt, sollten wir es noch eilig ausgeben. Da uns das Pensionssystem das Sparen ein Leben lang abgenommen hat, haben wir ohnehin keine Ersparnisse mehr, was das Ausgeben leichter macht. Unser verbliebenes Einkommen, die Rente, hängt davon ab, ob die Politik zukünftigen Erwerbstätigen genügend Geld abziehen kann. Deshalb müssen wir die Politik bis an unser Lebensende mit unserer Stimme dabei unterstützen. Im Generationenkonflikt, in dem wir unsere Rechte gegen alle Jüngeren und insbesondere die noch Ungeborenen verteidigen müssen, können wir auf die Mehrheit der Alten setzen. Griesgrämig gönnen wir niemandem Freude, denn schließlich war auch unser Leben verpfuscht. Zum Glück wird alles immer schlechter, so bleibt uns als letzter Trost, dass früher alles besser war.

Geld

Vertrauen ist beim Geld das Wichtigste. Unser Geld, unser Bankensystem, letztlich die gesamte Wirtschaft basieren auf Vertrauen. Auch unserem Staat darf und soll man uneingeschränkt vertrauen, zumindest solange die Richtigen an der Macht sind. Frei von Profitinteressen steht unser Staat für das Gemeinwohl. Glücklicherweise ist auch unser Geld ein staatliches Papier und darum durch unser Vertrauen verbürgt. Zweifel am Wert der Scheine erschüttern dieses Vertrauen und mindern damit ihren Wert. Daher ist das erste Gebot zum Wohle unserer Wirtschaft: Vertrauen ohne Wenn und Aber.

Um den Wert des Geldes zu erhalten, muss jeder Zweifel schon im Keim erstickt werden. Denn die Geschichte lehrt uns, was passiert, wenn wir das Vertrauen einmal verlieren: Die Papierscheine sind dann nur noch das Papier wert, aus dem sie hergestellt wurden, und eignen sich bestenfalls dafür, verheizt zu werden. Mittlerweile hat man es geschafft, sogar das Papier einzusparen, sodass das meiste Geld, das heute in Umlauf ist, nur mehr in elektronischer Form vorliegt. Den Unkenrufen, dass dies bloß virtuelles Geld sei, trotzen wir aber, denn wir vertrauen den Experten, dass sie stets wissen, was sie tun. Instinktiv ahnen wir ohnedies, dass bloß elektronisches Geld beliebig vermehrbar ist. Und nur eine stetige Vermehrung kann unser Verlangen nach immer mehr Geld befriedigen.

Die Devise „Mehr Geld!" macht alles einfacher. Ohne viel nachzudenken, ohne anstrengende Philosophie, fügt sich alles ganz bequem zu diesem letzten Zweck: Mehr Geld! All die Zweifel, die in den langen Jahren der Bildung und Arbeit an uns nagten, haben sich damit immer schon beiseitewischen lassen. Der tiefste aller

Zweifel, der unserer Vertrauenswirtschaft am gefährlichsten werden kann, zeigt sich in der Frage nach dem Sinn. Auf diese Frage „Wozu machen wir das?“ gibt es heute eine klare Antwort: Mehr Geld! Und psychologisch gesprochen: Die Schikanen an der Schule, das Auswendiglernen an der Universität, der Druck im Job, die ewige Angst vor der Kündigung lassen sich mit dieser Devise in der Tat besser ertragen. Sie ist vielleicht der letzte universelle Glaubensinhalt unserer Zeit und ganz bestimmt der wichtigste.

Das Streben nach dem Geld, die disziplinierende Angst, immer zu wenig davon zu haben, hält alle beständig auf Trab, die großen wie die kleinen Geldverdiener. Auch nahezu jede politische Forderung dreht sich um diese Devise, die uns hinreichend eint, um das Grundvertrauen zu festigen, und uns hinreichend trennt, um es gewinnbringend zu bewirtschaften. Wer etwa Zweifel an unserem Bildungssystem hat, der rufe laut: Mehr Geld! Wer hier partout nicht mitrufen möchte und der Bildung das Geld demnach nicht gönnt, ist für alle unschwer als Zerstörer des Vertrauens erkennbar. Scheint das Soziale zu bröckeln und zu brechen, so fordere: Mehr Geld! Scheint die Kriminalität zu steigen, die Sicherheit der Renten in Gefahr, das Gesundheitssystem unmenschlich; bringt die Forschung keine Nobelpreisträger und der Sport keine Goldmedaillen mehr hervor – immer gibt es die eine große Devise, die uns eint und trennt zugleich, und die alle Zweifel hintanzustellen vermag.

Auch als Entscheidungshilfe ist die Geldorientierung unschlagbar. Wie ließe sich denn heute angesichts der unzähligen Optionen, die es beim Konsumieren gibt, noch ein klarer Kopf bewahren? Das Geld stillt auch hier alle Zweifel. Das beste Produkt auszuwählen, würde große Anstrengung erfordern. Wie einfach ist es hingegen, das billigste zu wählen: Das kann jeder! Seinen Beruf anhand der persönlichen Berufung auszuwählen: Welch übermenschliche Aufgabe! Wie leicht ist es hingegen, nach den bestbezahlten Branchen und dort nach den bestbezahlten Offerten Ausschau zu halten.

Minderwertigkeitsgefühle, die entstehen, wenn wir daran denken, was andere sich alles leisten können, kompensieren wir am besten damit, dass wir generell alles danach bewerten, ob es uns materielle Vorteile bringt oder nicht. Für moralische Rücksichten ist der Staat zuständig oder jene, die es sich leisten können. Wir, die zu kurz Gekommenen, haben in erster Linie Ansprüche. Das tröstet uns darüber hinweg, zugunsten des Vertrauens ohne ein tieferes Wozu zu leben. Unsere Ansprüche, die wir am besten mit viel Pathos aufladen, nehmen wir daher besonders ernst und nennen sie unsere „Rechte". Freilich sind diese „Rechte" nichts anderes als praktische Anwendungen unseres ersten Glaubenssatzes: Mehr Geld!

Mehr Geld bekommen wir dadurch, dass es politisch für uns durchgesetzt wird: Jene, die *uns* bezahlen, sind politisch zu nötigen, uns mehr zu bezahlen; jene, die *wir* bezahlen, hingegen zu zwingen, immer billiger anzubieten. Woher dieses Geld kommt, darf man nicht fragen.

Instinktiv ist aber Folgendes klar: Man muss möglichst nahe an die Geldausgabestellen gelangen, das heißt möglichst weit vorne in der Geldkette sein. Dort vorne, rund um den Staat und die Banken, findet der große Auflauf statt, der Wettlauf um Förderungen, Aufträge, Zuschüsse und Kredite. Auch große Aktiengesellschaften gehören zu den erstrebenswerten Arbeitgebern. Je näher man an die Ausgabestelle des neu geschöpften Geldes gelangt, desto höher die Gehälter, desto wohlklingender die Posten, desto größer die gefühlte Wichtigkeit. Auch gegen ein aufkommendes schlechtes Gewissen bieten solche Arbeitgeber die beste Abhilfe: einerseits mehr Geld für einen selbst und andererseits mehr Geld für allerlei „ethische" Projekte, durch die man sich bei großen Galas richtig gut fühlen kann.

Was tun mit dem wohlverdienten Geld? Zunächst ist es wichtig, sich davon zu lösen, dass es ein Verdienst darstellt. Unser Gehalt ist ein Anspruch und ein „Recht", das uns dafür kompensiert, die Klappe zu halten und weiter zu vertrauen. Wenn wir nützliche Systemtrottel sind, so wie sich das gehört, wird uns ohnehin beim größten Teil unseres Gehalts die Entscheidung darüber abgenommen, wie es auszugeben wäre. Das ist insofern kein Problem, als der Staat sowieso zu wenig Geld hat und es außerdem gerechter ausgibt, als wir es tun würden. Da unser Gehalt eben kein Verdienst ist, ärgert uns die Steuerlast nur, wenn wir den Verdacht hegen, dass jemand anderem weniger als uns abgeknöpft wird. Wir sind der Maßstab.

Da leider nicht alle Leute in derart transparenten Beschäftigungsverhältnissen stehen, sondern manche noch primitivwirtschaftlich tätig sind, etwa in kleinen Unternehmen und Geschäften, ist es wichtig, diese Leute möglichst umfassend zu kontrollieren. Wir haben nämlich den ständigen Verdacht – und das quält uns wirklich –, dass irgendwer irgendwo weniger Steuerlast als wir zu spüren bekommt. Notfalls könnten wir auch mit hundertprozentigen Steuern leben. Schließlich müssten wir uns dann gar keine Gedanken mehr ums Geld machen. Nicht leben könnten wir hingegen damit, dass dann irgendwem noch ein Cent mehr bliebe als uns.

Wie sollen wir also unser Restgehalt ausgeben? Wohlmeinende nerven uns diesbezüglich stets mit einer Faustregel: Ein Drittel, sagen sie, sollten wir horten, in möglichst sicheren Anlagen, also in Edelmetallen und ein wenig Bargeld; ein Drittel sollten wir investieren, um zukünftiges Einkommen zu erwirtschaften, und bloß das restliche Drittel sollten wir aufbrauchen, um unser Leben zu verbessern. Wie uns echte Experten aber ständig versichern, ist dieser Rat grundfalsch und weckt nur unnötige Sorgen.

Horten ist wirtschafts- und damit staatsfeindlich. Es entzieht unserem Geldkreislauf, der immer schneller laufen muss, die Mittel. Horten wäre in der Tat ein schlechter Eigennutz, denn er tut gerade so, als ob es tatsächlich an *uns* läge, mehr Geld zu haben. Wir wissen aber, dass Geld ein Anspruch ist, und dass wir, wenn wir mehr davon haben wollen, das nur durch die Abgabe unseres Stimmzettels bei den Wahlen bewirken können. Um zu sparen, haben wir außerdem zu wenig Geld. Sparen ist etwas für asoziale Reiche. Für uns reichen ein Bankkonto mit Überziehungsrahmen und eine Kreditkarte völlig aus.

Konsum ist deshalb unsere angenehmste Bürgerpflicht. Damit sie auch angenehm bleibt, sollten wir uns aber nicht allzu viele Gedanken darüber machen, was wir da alles kaufen. Die Einkaufszentren sind voll von bunten Paketen. Letztlich ist es egal, was man einkauft. Shoppengehen selbst ist ja schon erholsam. Außerdem hat das alles den positiven Effekt, dass so der Wirtschaftskreislauf permanent am Laufen gehalten wird – und damit auch das Hamsterrad, in dem wir uns befinden. Das ist ziemlich wichtig. Denn bleibt das Rad einmal stehen, weil staatsfeindliche Kräfte dem Räderwerk das Geld entziehen, hat unser bequemes Sklavendasein schnell ein Ende. Dann müssten wir nämlich selbst entscheiden, wo es langgehen soll, und das ist schrecklich mühsam.

Der primitive Hausverstand sagt, dass man nicht mehr ausgeben sollte, als man einnimmt. Der gebildete Experte weiß hingegen längst, dass das Ausgeben wesentlich wichtiger ist, und rät uns beständig zum Konsum. Da das Geld dank unseres gerechten Staates von seinen physischen Fesseln befreit wurde, gibt es diesbezüglich auch kein Limit mehr. Vom Einzelnen kann man nicht erwarten, sich über mehr den Kopf zu zerbrechen, als dass es ihm heute gut geht. Für das Morgen ist der Staat zuständig. Bisher hat das auch ganz gut funktioniert, denn sollte es morgen einmal zu wenig Geld geben, ruft man einfach nach mehr.

Investieren ist etwas für reiche Spekulanten. Aber trotzdem: Sollte uns Nasenbohrern doch noch etwas Geld übrig bleiben, weil wir beim Konsumieren nicht kreativ genug waren, so gibt es auch für uns spezielle Anlageformen, nämlich solche, die das Geld wieder möglichst schnell in den Wirtschaftskreislauf zurückführen. Über die besten Anlageformen informiert uns das Finanzministerium. Die allerbesten sind Staatsanleihen. Sie sind staatlich gesichert und werden von jenen, die sie drucken lassen, als mündelsicher eingestuft. Staatsanleihen sind Ansprüche auf künftige Steuereinnahmen, die ihrerseits durch die Staatsanleihen legitimiert werden. Sie haben den Vorteil, dem Staat heute mehr Geld zuzuführen, womit er die Ansprüche der Staatsbürger finanzieren kann. Schließlich wollen ja alle mehr Geld. Und solange wir unter einem Stimmzettel-Mehrheitsregime leben, besteht für diesen Allparteien-Konsens keinerlei Gefahr.

Besonders Schlaue, denen Staatsanleihen zu sicher sind, lassen sich über geeignete Anlageformen von ihrer Bank informieren. Auch seiner Bank kann und muss man vollkommen vertrauen. Wer seiner Bank nicht traut, gefährdet seine eigenen Einlagen. Es würde genügen, dass kaum mehr als fünf Prozent der Anleger ihre Gelder abziehen, damit in den Banken kein gedrucktes Geld mehr verfügbar wäre. Allein daran sieht man, wie wichtig dieses Vertrauen ist. Der Bankberater empfiehlt uns zielsicher jene Anlageformen, bei denen die Bank etwas verdient, die also profitabel sind. Vom Fonds bis zur Einzelaktie lässt sich so alles erwerben, was das Herz begehrt, ganz wie im Supermarkt. Da ohnehin niemand mehr eine Aktie des Unternehmensanteils wegen kauft, darf sie als Sonderform des Konsums betrachtet werden. Geld verdient man damit, jemanden zu finden, der dafür noch mehr bezahlt, als man selbst bezahlen musste. Das sollte kein Problem sein, solange die Devise „Mehr Geld!“ funktioniert.

Was den Umgang mit Geld betrifft, so gilt stets die Regel: möglichst schnell aus der Hand damit. Wer sich nicht daran hält, ist mit schuld daran, wenn es einmal nicht immer mehr Geld geben sollte. Konsum ist demnach das höchste Gebot, allenfalls ergänzt um den Konsum von Staatsanleihen, Fondsanteilen und Aktien. Staatsanleihen sind eine Bürgerpflicht, die niemals wehtut. Der Staat, das sind wir alle. Demnach bleibt das Geld in der Familie. Nicht staatliche Papiere erwirbt man am besten nur im staats- oder bankennahen Sektor und nur, nachdem sie schon viele Klügere gekauft haben. Von Investitionen in Unternehmen, die so unbedeutend sind, dass man verstehen kann, wie sie funktionieren und wer dahinter steht, lasse man am besten die Finger. Solche Unternehmen können nämlich in Konkurs gehen, ohne vom Staat aufgefangen oder von Banken aufgekauft zu werden. Generell gilt: Alles, bei dem man im Verlustfall selbst die Verantwortung trägt, ist zu meiden.

Wer sich eine Eigentumswohnung leisten kann, ist im Grunde ein Verräter. Denn das bedeutet, dass man ungeheuer viel Geld gehortet und damit der Wirtschaft entzogen hat. Richtig ist, das Geld für Konsum auszugeben, um die Wirtschaft zu beleben und dank der belebten Wirtschaft ein Haus mittels einer Hypothek zu kaufen. So hat man gleich drei Fliegen mit einem Schlag erwischt: Erstens hat man indirekt den eigenen Arbeitsplatz – das eigene Hamsterrad – gesichert; zweitens hat man nun mehr Wohnraum und Prestige, als man sich leisten kann, und drittens, dank der Ratenrückzahlung, weniger Versuchung, übriges Geld unsinnig zu sparen oder anzulegen. Eigentum macht einem allerdings nur Sorgen. Außerdem könnte es, wenn endlich die Vermögen gerechter abgeschöpft werden, zu einer höheren Steuerbelastung führen.

Früher mussten die Menschen noch für ihre Zukunft selbst vorsorgen. Daher haben sie auch noch Kinder in die Welt gesetzt. Gott sei Dank müssen wir das nicht mehr, denn die Zukunft ist zwar staatlich gesichert, aber nicht rosig genug, um sie einem Kind zuzumuten. Unsere Kinder und Enkelkinder müssten nämlich unsere Schulden zurückbezahlen, und da ist es nur human und nachhaltig, sie abzutreiben. Für unsere Ansprüche, die wir im Alter haben, genügt es, regelmäßig zu den Wahlen zu gehen und dort die Richtigen anzukreuzen. Sparen müssen wir dank des Umlageverfahrens nicht. Unsere Renten und Pensionen sind ein Anspruch gegen die dann noch Arbeitenden und Jungen. Wer dann noch arbeitet und jung ist, hat es vermutlich nicht besser verdient.

Bargeld kommt aus dem Automaten. Falls nicht, müssen wir aus Gründen der Solidarität ein paar Autos anzünden; dann wird es schon wieder fließen. Solange es fließt, ist es das Wichtigste, dass immer mehr zu uns fließt. Dazu bemühen wir uns um sichere Jobs in großen Bürokratien, denen die Arbeit nie ausgeht. Wenn wir Pech haben und unseren Job verlieren, müssen wir eben Formulare ausfüllen, um das Geld zum Fließen zu bewegen. Was auch immer wir tun: Das Wichtigste ist, Ansprüche zu legitimieren, damit wir unsere Bürgerpflicht als Konsumenten weiterhin erfüllen können. Entscheidend ist stets die nominelle Menge Geld, über die wir virtuell verfügen können, also die Nullen in unserem Einkommen. Wie viele Güter wir real dafür bekommen, ist so nebensächlich wie die Güter selbst: Hauptsache, ihr Kauf beschert uns einen kurzen Lustgewinn. Schließlich ist es dieser Konsum in unserer kargen Freizeit, der uns die Unfreizeit ertragen lässt.

Um das Paradies zu schaffen, bräuchte es aber so viel mehr Geld, dass dazu ein Weltstaat nötig wäre, um alle Vermögen weltweit in unsere Richtung abzuschöpfen. Das wäre dann die gerechteste aller möglichen Welten. Bis dahin fehlt uns aber das Geld, irgendetwas in unserem Leben anders zu machen. Bis dahin haben wir schlicht zu wenig Geld, einen Beruf zu ergreifen, der uns wirklich Freude bereitet; zu wenig Geld, zu sparen; zu wenig Geld, nicht immer nur das Billigste zu kaufen; zu wenig Geld, selbst vorzusorgen; zu wenig Geld, uns darüber Gedanken zu machen; zu wenig Geld für die nötige Muße, die Dinge wirklich zu verstehen.

Falls wir einmal unruhig werden sollten, können wir uns immer noch mit Ideologien abspeisen und unsere Wut über das „System" so richtig rausbrüllen. Die Schuldigen kennen wir alle: Es sind die Reichen, die Manager, die Spekulanten, die Banker, die Politiker, das Geld, die Börsen, die Zinsen oder irgendwelche politische Lager, denen wir zufällig gerade selbst nicht anhängen. Da sich nicht so einfach ein neues System auf Grundlage einer neuen Ideologie errichten lässt, bliebe uns nur die Ohnmacht. Darum ist klar, dass all die Kritik nur psychologisches Ventil sein darf. Unser Handeln können wir nicht verändern. Das lassen die da oben nicht zu. Und wir da unten haben zu wenig Geld dafür.

Sicherheit

Gerade dort, wo wir die Sicherheit am meisten schätzen, beim Einkaufen und Konsumieren, können wir uns entspannen wie nie zuvor. Denn dass es einmal nichts mehr zu kaufen geben könnte, ist heute praktisch undenkbar. Unsere Lieblingswurst wird es immer geben. Und falls sie dreimal so teuer werden sollte, dann werden wir sie trotzdem kaufen, denn sie wird auch dreimal so gut geworden sein: gänzlich ohne Fett, gänzlich ohne Gene und gänzlich ohne Wurst im eigentlichen Sinne, die für den Menschen ja prinzipiell schädlich ist. Ständig steigt also die Qualität, sodass das Leben in jeder Hinsicht immer sicherer wird. Es gibt mittlerweile so viele Ämter und Behörden, die sich unentwegt Sorgen um uns machen, dass letztlich kaum noch etwas passiert. Und das ist auch das Beste, was uns überhaupt passieren kann, der Optimalfall sozusagen: Wenn praktisch überhaupt nichts mehr passiert und auch theoretisch nichts mehr passieren kann. Wenn alles so bleibt, wie es ist.

Falls aber trotzdem etwas passieren sollte, man irgendwo hinunterfällt, sich einzwickt oder ein blaues Auge holt, trotz der vielen Vorschriften, die man eingehalten hat, kann man sicher sein, dass man dafür selbst keine Schuld trägt. In solchen Fällen beschwert man sich einfach. Wenn die Schuldigen freiwillig kein Geld rausrücken, hetzt man ihnen die Versicherung, das Arbeitsrecht und die Gewerkschaft auf den Hals. Egal, ob die Probleme groß oder klein sind, sie lassen sich jedenfalls regeln. Ist das Malheur etwa im Eissalon passiert, so zeigt man die angepatzte Hose her, sodass einem die Kosten abgegolten werden. Falls nicht, beschwert man sich beim Konsumentenschutz, beim Volksanwalt oder sonst bei einer der vielen Vereinigungen, die sich unsere

Sicherheit auf ihre Fahnen geschrieben haben. Die machen dann Druck auf den Gesetzgeber, und zwar so lange, bis die Eislöffel einerseits noch klein genug sind, damit wir sie in den Mund bekommen, andererseits aber auch groß genug, damit man sich das Eis nicht dauernd auf die Hose patzt. So einfach ist das. Und so machen wir das mit allen Problemen.

Sicherlich gibt es da und dort noch Sicherheitslücken. Und sie werden auch immer mehr, je mehr man sich mit ihnen beschäftigt. Doch das ist eben die große Aufgabe, die wir in den Griff bekommen müssen: sie endgültig zu schließen. Denn wenn sie geschlossen worden sind, erledigt sich das Sicherheitsproblem gleichsam von selbst, weil es die Dinge, die uns gefährlich werden können, dann für uns gar nicht mehr gibt. Am besten, man nimmt uns vorsichtshalber alles aus der Hand, was irgendwie gefährlich werden könnte, und überlässt die Sorge um die Sicherheit dem Staat. Denn erst dann, wenn überall geschrieben steht, was wir tun müssen, können wir endlich tun und lassen, was wir wollen. Erst dann werden wir alle bemerken, dass man Freiheit nicht essen kann, wie die Indianer sagen – oder so etwas Ähnliches.

Freilich, jederzeit kann ein Unfall geschehen, auch bei den besten Sicherheitsvorschriften. Doch im Grunde kann uns nichts passieren: Jemand holt die Rettung, jemand bringt uns ins Spital, jemand versorgt uns so lange, bis wir wieder hergestellt sind, und wir müssen nichts dafür bezahlen. Während des Krankenstands bekommen wir unser Gehalt weiterhin auf unser Konto überwiesen. Sind wir länger krank, dürfen wir deshalb nicht gekündigt werden und behalten unseren Arbeitsplatz. Bleiben wir dauerhaft arbeitsunfähig, erhalten wir eine Invalidenrente zugeteilt. Und falls wir sterben sollten, sind wir ohnehin tot. Die Hölle gibt es nicht, also haben wir auch in dieser Hinsicht nichts zu befürchten.

Aber im Ernst und philosophisch gesprochen: Auch bei der Sicherheit empfiehlt sich letztlich das, was schon beim Geld die beste Empfehlung war – die richtige Kombination von Angst und

Vertrauen. Beide Stimmungen sind hinreichend blind, um uns nicht von Wesentlicherem abzulenken. Die Angst macht uns misstrauisch: Jeder Nachbar könnte potenziell ein Sexualmörder sein. Dieses Misstrauen bewahrt uns davor, allzu enge Bande mit anderen zu knüpfen. Das Vertrauen hingegen, das wir nun nicht mehr an die Nachbarn und alle anderen verschwenden, die uns zu nahe kommen könnten, dürfen wir ungeteilt den Verwaltern unserer Sicherheit zukommen lassen. Nichts kann diesem Vertrauen etwas anhaben, weil es gewissermaßen metaphysisch ist. Die Sicherheit ist das wichtigste und älteste Argument für unseren Staat.

Die Angst sagt uns, dass weniger Geld für Polizeibeamte, Staatsanwälte, Richter und ihren bürokratischen Tross sofort dazu führen würde, dass sich die Menschen gegenseitig ausrauben und umbringen. Unser Nachbar hat uns vermutlich nur deshalb noch nicht in seinem Keller eingemauert, weil ihm die Polizei schon auf den Fersen ist. Unser Vertrauen sagt uns dagegen, dass wir uns keinerlei Gedanken über unsere Sicherheit machen müssen. Unsere einzige Aufgabe ist es, sicherzustellen, dass für die Sicherheit immer mehr Geld eingesetzt werden kann. Der Stimmzettel ist also die beste Sicherheitsmaßnahme.

Unser Stimmzettel ist auch die einzig demokratische Maßnahme. Denn jeder individualistische Gedanke über die eigene Sicherheit führt relativ rasch in Richtung Faschismus. Nur Rechtsextreme und Tiermörder haben selbst Waffen, abgesehen von einigen Landeiern, die darin Accessoires für ihre Trachten sehen. Die Gefahren gehen demnach stets von Einzelnen oder kleinen Gruppen aus. Und deshalb ist die Frage nach der Sicherheit auch an den Staat zu delegieren. Denn im Unterschied zum Waffengebrauch Einzelner oder kleiner Gruppen können Waffen in den Händen jener, an die wir unsere Sicherheit delegiert haben, kaum Schaden anrichten. Denn der Staat muss alles, was er mit den Waffen tut, erst demokratisch legitimieren. Deshalb darf man ihm auch uneingeschränkt vertrauen.

Dass Waffen in der Hand des Staates kaum Schaden anrichten – und wenn, dass es dann ein Schaden ist, der letztlich einen höheren und allgemeinen Nutzen hat –, liegt auf der Hand. Die 170 Millionen Ziviltoten, die allein im 20. Jahrhundert auf das Konto bewaffneter Staatsschergen gingen – die ihre Waffen gegen die jeweils eigenen Bürger und nicht etwa im Zuge kriegerischer Auseinandersetzungen gegen äußere Feinde einsetzten –, sind bloß der Preis dafür, dass wir erst lernen mussten, mit dem modernen Staat zurechtzukommen. Das war die notwendige Reifezeit, die unser System durchleben musste, um sich zu formen, zu sammeln und endgültig zu konsolidieren. Wir mussten erst am eigenen Leib erfahren, was Sicherheit bedeutet. Heute wissen wir es. Und deshalb ist es auch ausgeschlossen, dass so abscheuliche Dinge, wie sie früher passiert sind, jemals wieder passieren. Heute leben wir in Sicherheit.

Ganz grundsätzlich gehören Waffen nicht in die Hände von Menschen, denen man nicht trauen kann, schon gar nicht in unsere eigenen. Man stelle sich nur vor, unser benachbarter Sexualmörder hätte freien Zugang zu Waffen gehabt. Er hätte uns schon längst auf bestialische Weise umgebracht. Deshalb braucht es strenge Gesetze, die den privaten Waffenbesitz vollständig verbieten. Nur so wird verhindert, dass jene, die Gesetze verletzen würden, Zugang zu Waffen erhalten. Erst wenn niemand mehr eine Waffe kaufen kann, erst wenn Waffengeschäfte vollständig aus der Öffentlichkeit verschwunden sind, wird auch niemand mehr eine Waffe benutzen. Damit ist das Sicherheitsproblem, zumindest auf nationaler Ebene, gelöst.

Selbst eine Waffe zu führen, ist außerdem extrem gefährlich. Wer sich wehrt, kriegt rechtliche Probleme, sodass er es sein Leben lang bereut. Wer überfallen wird, leistet demnach am besten keine Gegenwehr. Meistens wollen die Leute ohnehin bloß mehr Geld, was ja im Grunde ganz natürlich und sympathisch ist. Das wollen schließlich alle. Letztlich sitzen wir alle im selben Boot. Leute geraten nun einmal in Notlagen. Wir können uns solche

Situationen heute gar nicht mehr vorstellen. Die wirksamste Maßnahme gegen solche „Verbrechen“ – und das haben unzählige Studien bewiesen – ist daher der gezielte Einsatz von Geld. Denn wenn „die Verbrecher“ bereits automatisch mehr Geld bekämen, sodass sie „ihre Verbrechen“ erst gar nicht verüben müssten, würde die Kriminalität erheblich sinken. Wer überfallen wird, trägt also letztlich Mitschuld: Jemand anderer hatte zu wenig Geld, was darauf hinweist, dass der Überfallene zu viel hatte und sich nicht energisch genug mittels Stimmzettel für den sozialen Ausgleich eingesetzt hat. Wie überall, ist also auch im Bereich der Sicherheit politische Wachsamkeit geboten.

Zum Glück leben wir in einem Rechtsstaat, in einem System, in dem die Menschen das Recht nicht mehr selbst in die Hand nehmen müssen. Das wäre auch, technisch betrachtet, heute gar nicht mehr möglich. Heute wird das Recht demokratisch gesetzt. Das bedeutet, dass derart viele Interessen berücksichtigt werden müssen, dass es für den Einzelnen unmöglich ist, diese Entwicklungen auch nur im Ansatz nachzuverfolgen. Demnach macht es auch keinen Sinn mehr, sich näher mit dem Recht zu befassen. Niemand kann mehr wissen, welche Gesetze gerade gelten und welche nicht, wirklich niemand mehr. Dafür gibt es aber jede Menge Experten, die in staatlichen Ausbildungsstätten jahrelang darauf trainiert wurden, die Gesetze laufend an die neuesten Erfordernisse anzupassen. Diesen Experten darf man, so wie im Grunde allen, an die wir unsere Sicherheitsprobleme delegieren, uneingeschränkt vertrauen.

De facto sind heute alle Vorstellungen, die wir uns vom Recht machen, bloß Meinungen und Vorurteile. Denn niemand überblickt die aktuellen Entwicklungen und damit den aktuellen Bedarf. Entscheidend ist demnach allein, was als Gesetz gerade Gültigkeit hat, was demokratisch legitimiert wurde. Freilich kann es dann leicht sein, dass das meiste, was in den Gesetzen steht, gar nicht mehr wirklich in unserem Interesse ist. Aber so ist das eben. Wir können uns nicht um alles kümmern. Wichtig ist, dass wir solidarisch denken und gemeinsam mit allen anderen, die ebenso ihre Bedürfnisse haben, in Sicherheit leben. Genau deshalb ist es auch unsere Bürgerpflicht, uns nicht nur an die Gesetze zu halten, sondern sie auch in der Öffentlichkeit zu verteidigen. Das ist das Grundprinzip des demokratischen Rechtsstaats.

Ängste um unser Rechtssystem sind allein deshalb obsolet, weil die meisten Gesetze heute ohnehin von EU-Experten verfasst und flächendeckend in Europa umgesetzt werden. Das allein dokumentiert, dass sich jemand dabei etwas gedacht haben muss. Es würden nicht tausende Juristen in der Zentrale für uns arbeiten, wenn es nicht gut für alle wäre. Außerdem hat diese Entwicklung noch einen ganz anderen Vorteil: Sie zieht der Politik gewissermaßen die Zähne. Denn da unsere Politiker nun gar keine andere Wahl mehr haben, als die Gesetze, die von der Zentrale vorgeschrieben wurden, umzusetzen, können wir sie für die komplexen Entwicklungen auch nicht mehr voll verantwortlich machen. Es kann also nichts mehr schiefgehen, weil Einzelpersonen nichts mehr zu reden haben. Das System selbst macht keine Fehler, zumindest solche nicht, die es nicht selbst auch wieder ausbügeln könnte. Am Ende muss sich jeder an die Vorschriften halten. Das ist zwar manchmal unangenehm, doch dafür können wir sicher sein, dass alles nach Plan läuft und in Ordnung ist.

In einem Rechtsstaat werden Konflikte geregelt abgewickelt. Wenn uns nicht gefällt, was unser Nachbar anstellt, können wir entweder anonym die Exekutive informieren oder – wenn wir uns Chancen ausrechnen, damit zu Geld zu kommen – die Gerichte mit dem Fall betrauen. Zwar ist ein Rechtsanwalt in der Regel recht teuer. Doch womöglich muss am Ende der Nachbar dafür die Kosten tragen und diese Aussicht macht alles viel erträglicher. Wir bekommen unser Recht, auf das wir einen Anspruch haben, wenn es unserem Anwalt besser gelingt, die jeweils gerade gültigen Gesetze zu unseren Gunsten einzusetzen. Dieser Wettkampf wird durch unparteiische Richter entschieden, wobei es manchmal helfen kann, derselben Partei anzugehören.

Es ist in jedem Fall vorzuziehen, Nachbarn und nicht „Verbrecher“ zu verklagen, denn von Letzteren kriegt man nur selten Geld. Ertappt man also einen sogenannten Dieb bei der Tat, so ist folgendes Verhalten angebracht: keine Gegenwehr leisten, sondern ihn nach Möglichkeit dabei unterstützen, sein Geschäft möglichst rasch und reibungslos zu erledigen. Daraufhin meldet man der guten Ordnung halber den Vorfall bei der Polizei und füllt die zugehörigen Formulare aus. Das Diebesgut kann man ohnehin gleich abschreiben, denn man erhält es in der Regel nie wieder. Dafür gibt es Versicherungen, die den Vorteil bieten, dass man manchmal mehr Geld herausbekommt, als man verloren hat. Dazu ist nur ein wenig Kreativität nötig.

So ein Diebstahl kurbelt die Wirtschaft ganz beträchtlich an, denn man muss nun die gestohlenen Dinge nachkaufen, was zu einer erhöhten Konsumnachfrage führt. Darum sollte man sich nicht allzu egoistisch über „Verbrechen“ enervieren. Solange wir weiterhin vertrauen, bleibt unsere Sicherheit unberührt. Es ist vollkommen normal, dass dieses staatsbürgerliche Vertrauen von immer größerer Angst durchsetzt ist. Angst ist aber hinreichend diffus, um letztlich harmlos zu sein. Die einzige Möglichkeit, dieser Angst zu entkommen, wäre, die eigene Sicherheit selbst in die Hand zu nehmen. Doch das wäre vollkommen paranoid. Unser Vertrauen versichert uns, dass es niemals dazu kommen wird, nicht mehr vertrauen zu können. Die Polizei wird uns immer beschützen, solange wir dafür sorgen, dass stetig mehr Geld im Umlauf ist. Ein Telefonanruf, um einen Überfall zu berichten, ist schließlich auch viel einfacher und ungefährlicher als jede Gegenwehr.

Eigentlich bräuchte es in unserer Gesellschaft überhaupt keine Waffen mehr. Denn der Anschluss an immer größere Bündnisse befreit uns letztlich von der Last, nicht nur uns selbst, sondern auch unser Land zu schützen. Niemand will uns angreifen, und wenn, dann nur, um mehr Geld zu bekommen. Somit lässt sich jegliche Aggression auch anders als mit Gewalt lösen. Wenn schon Waffen, dann nur in den Händen von Truppen, die den Frieden sichern, oder für Spezialeinheiten, die Wahnsinnige entwaffnen. Gefährlich werden können heute nur mehr Einzelne und kleine Gruppen. Staaten hingegen wachsen zunehmend zusammen und verfolgen gemeinsame Ziele, sodass sie kaum mehr gefährlich sind.

Das Beste, das wir für unsere Sicherheit tun können, ist demnach eine möglichst lückenlose Kontrolle durch den Staat. Vollkommene Überwachung könnte uns vielleicht eines Tages auch den letzten Handgriff ersparen: den zum Telefon. Bei lückenloser Überwachung würde dann ein Verbrechen sofort dokumentiert werden, und wir müssten uns nicht länger damit befassen. Wenn das Überwachungsnetz auch gleich direkt mit den Versicherungen vernetzt wäre, könnten uns diese einfach den entstandenen Schaden auf unser Konto überweisen. Freilich decken die Versicherungen heute in der Regel nur wenige Diebstähle oder man muss dafür extra bezahlen. Dies ist ein Zeichen dafür, dass zu wenig Geld dafür zur Verfügung steht. Wenn der Staat dafür sorgen würde, dass jeder alles ersetzt bekommt, wäre das Kriminalitätsproblem gelöst. Diebstahl und Einkaufen wären dann kaum noch unterscheidbar, und für Verbrecher wäre der Weg des Konsums erschlossen, sodass sie die Wirtschaft noch mehr fördern würden. Dann bräuchte es auch keine Gefängnisse mehr. Da die dort gebotene Berufsausbildung und Therapie aber nützlich sind, wäre es am einfachsten, die Gefängnisse einfach nicht mehr abzusperren. Dann blieben auch die Arbeitsplätze erhalten.

Die physische Sicherheit ist ohnehin nur ein Problem, das auftritt, wenn man nicht kooperiert. Viel wichtiger ist die materielle Sicherheit. Das bedeutet, jeden Monat auch exakt jene Summe überwiesen zu bekommen, auf die man Anspruch hat. Ein Einzelner hat dies ohnehin nicht in der Hand und kann hier nur darauf vertrauen. Um die eigene Sicherheit zu gewährleisten, ist es also bloß nötig, den gerechten Staat zu erhalten und dafür zu sorgen, dass diesem immer mehr Geld zur Verfügung steht. Früher musste man dazu noch Waffen verwenden. Wir leben in so fortschrittlichen Zeiten, dass das richtige Kreuz auf dem Stimmzettel dafür genügt.

Gesundheit

Gesundheit ist das Allerwichtigste, wie man so sagt. Deshalb ist sie auch vorrangig an eine Krankenkasse zu delegieren. Die Gesundheit überlässt man nicht sich selbst, gerade heute nicht. Denn was sind wir schon: mediengelenkte Massenmenschen, bis über die Ohren verschuldete Konsumidioten, vertrotteltes Stimmvieh, das nur mehr demokratisch für sich sorgen kann und will. Von uns kann man, außer dass wir politisch radikal werden, nicht mehr viel erwarten. Deshalb möchten wir, wenn wir uns elend fühlen, der Sekretärin unseres Chefs am Telefon etwas vorhusten und uns krankmelden können, zumindest für ein, zwei Tage. Und dann schlafen wir uns endlich einmal aus. Das ist die beste Medizin. Wenn es uns dann besser geht, können wir uns am Nachmittag gemütlich ein Bier genehmigen und so lange im Internet surfen, wie wir wollen – und ohne, dass uns jemand über die Schulter schaut. Und am nächsten Morgen schlafen wir uns doppelt so lange aus. Im Grunde brauchen wir den Krankenstand wie einen Bissen Brot.

Freilich kann man auch wirklich einmal krank werden. Es gibt ja die schlimmsten Krankheiten. Das kann man sich kaum vorstellen, wie schlimm die eigentlich wirklich sind. Es gibt Kinder, denen zerreißt es die Haut, sodass sie aussehen wie verpilzte Reptilien. Andere haben vergiftetes Blut und kommen daher wie die Zombies. Man sieht sie ja dauernd auf den Werbeplakaten. Scheußlich ist das. Da kann man in der Tat froh sein, dass man so etwas nicht hat. Deshalb ist es auch ratsam, im Gesundheitssystem fest verankert zu sein und regelmäßig die vorgeschriebenen Beiträge zu bezahlen, damit man, falls man so etwas bekommt, es auch rasch wieder los wird. Zusätzlich hat man auch all jenen Organisationen Geld zu geben, die sich um solche Angelegenheiten dann tatsächlich kümmern, und unabhängig davon, wie viel von diesem Geld wirklich zu jenen Kindern gelangt. Denn wenn wir nicht hartnäckig dafür sorgen würden, dass stets genügend Geld zur Verfügung steht, würde heute niemand mehr solche Dinge tun. Diese Zeiten sind vorbei. Leute hingegen, die gegen Geld alles tun, was man von ihnen verlangt, gibt es immer mehr. Somit lassen sich alle Probleme lösen, auch die schlimmsten.

Doch derart schlimme Dinge sind heute selten geworden. Dank unseres Systems sind wir gesünder denn je. Eigentlich sind wir gesund wie noch nie. Es geht uns also wirklich gut. Bloß merkt niemand etwas davon, weil wir ständig beschäftigt werden. Aber im Prinzip ist alles in Ordnung; wir dürfen uns nicht beschweren. Ständig werden wir von den Medien und Behörden informiert, was wir für die Sicherung unserer Gesundheit alles tun können. Und das ist wahnsinnig viel. Daher erkennen wir nun mit Schrecken, wie viele Krankheiten und Unfälle uns eigentlich bedrohen. Entsetzliche Seuchen, so lesen wir in den Zeitungen, ziehen immer wieder über unsere Köpfe hinweg. Zum Glück reagiert unser Staat stets rechtzeitig und kauft Tonnen von Medikamenten für uns ein, sonst hätte uns schon längst eine solche Seuche hinweggerafft. Von Ost und West kommen ständig neue Krankheitsbilder auf uns zu. Wem seine Gesundheit also wichtig ist, informiert sich am besten über all die gefährlichen Symptome und liest nach, wie man sich gratis schützen kann. Das Internet ist hier besonders nützlich.

Krankheit ist wirklich das Schlimmste, das einem widerfahren kann, abgesehen vom Tod. Eines Tages wird uns die Krankenkasse auch diesen ersparen. Bis dahin gilt es aber, möglichst lange jung und frisch zu bleiben. Denn notgedrungen müssen wir unser Leben, wenn wir es noch zu Lebzeiten genießen wollen, weit nach hinten verschieben. Von frühester Jugend an werden wir in geschlossene Anstalten gesteckt, damit wir es später schaffen, all die herrlichen Konsumgüter zu kaufen, die angeboten werden. Wenn wir nicht am unteren Ende dieser Ordnung landen und zu den Verlierern zählen wollen, müssen wir noch zusätzlich irgendetwas studieren oder zumindest jene Tricks erlernen, die für diesen Weg die besten sind. Das ist langweilig und nervtötend wie selten etwas. Wenn wir dann endlich das ersehnte Geld verdienen, sind wir schon derart verängstigt, dass wir uns gar nichts anderes mehr vorstellen können, als täglich müde in die Arbeit zu gehen und dort für fremde Zwecke irgendeinen Unsinn zu erledigen, der uns weder betrifft noch interessiert. Das heißt, das Leben ist für uns gelaufen, im Grunde von Anfang an. Und so bleibt uns nur noch das Alter, um unsere Jugend auszukosten. Und deshalb ist es auch so wichtig, möglichst lange jugendlich zu bleiben.

Um dieses Ziel zu erreichen, helfen allerlei Tabletten, die uns alles geben und nehmen, was uns fehlt und überflüssig ist. Wer also frisch und munter bleiben will, beginne am besten schon möglichst früh damit, Arzneimittel zu sich zu nehmen; aber nicht nur Vitamine, Spurenelemente, Nahrungsergänzungsmittel, Blutdrucksenker und Fettverbrenner, sondern auch Aufputschmittel und Antidepressiva, denn diese viele Angst macht alt und legt die Haut in Falten wie ein Lotterbett. Im Grunde ist das Leben heute ohne die richtigen Tabletten kaum noch zu ertragen. Deshalb ist es auch unabdingbar, mehrmals im Leben psychiatrischen Beistand anzufordern, besonders wenn man in die Jahre gekommen ist und langsam begreift, worauf man sich eigentlich eingelassen hat. Im Unterschied zum Priester hat der Psychiater den großen Vorteil, dass man dort seine Sünden zwar ausführlich gestehen kann, sie aber keineswegs bereuen muss. Dadurch ist einerseits gewährleistet, dass man sein verpfuschtes Leben nicht verändern muss, was ja alles in Unordnung bringen würde, und andererseits, dass den Psychiatern, Psychotherapeuten und Psychologen ihre Arbeit niemals ausgeht.

Vorsichtshalber empfiehlt es sich im Anlassfall, immer mehrere Ärzte gleichzeitig zu konsultieren, um so ja keine neue Methode und keine moderne Lehrmeinung zu verpassen. Niemals vertraue man bloß einem Arzt, denn der verfügt sicher nicht über alle Informationen. So könnte einem eine Behandlung mit der neuesten Technologie entgehen, obwohl man einen Anspruch darauf hätte, nur weil der eigene Arzt davon noch nichts weiß oder darüber verfügt. Sinnvoll ist, die Ärzte möglichst gegeneinander auszuspielen und wechselseitig darüber zu belehren, was der jeweils andere diagnostiziert hat. Denn so braucht man sich, angesichts der vielen unterschiedlichen Meinungen, an die Therapien auch nicht zu halten. Wer jedoch wirklich ernsthafte Probleme hat, der entscheidet sich am besten für jene Therapien mit den meisten, teuersten und modernsten Pillen. Niemand kann einen dazu zwingen, dieses Zeug tatsächlich zu nehmen. Über Medikamente hört man ja die schlimmsten Sachen. Doch man hat ein Recht darauf, sie zu besitzen, denn bezahlt hat man sie schließlich schon im Vorhinein.

Sollten Familienangehörige und Freunde einmal krank werden, so dränge man sie unbedingt zu möglichst aufwendigen Operationen oder zumindest zu langen stationären Aufenthalten in einem Krankenhaus. Gute Krankenhäuser erkennt man daran, dass sie besonders groß sind und einen Hubschrauberlandeplatz haben. In solchen Häusern sind die meisten Ärzte und die teuersten Geräte im Einsatz, sodass man sich dort ohne große Bedenken aufschneiden und wieder zunähen lassen kann. In Spitälern mit Hubschrauberlandeplatz gibt es die besten Installateure, die man zwar niemals kennenlernt, doch die den ganzen Tag nichts anderes machen als etwa Hüften oder Kniegelenke zu reparieren. Das sind Vollprofis. Das geht wie am Fließband. Wer Informationen benötigt, was bei solchen Operationen eigentlich vor sich geht, der liest einfach den Vertrag, der einem bei der Aufnahme zur Unterschrift vorgelegt wurde. Dort steht alles drin, was man wissen muss. Wer menschlichen Zuspruch braucht, holt die Krankenhauspsychologin oder die Seelsorgerin, vor allem aber die Krankenschwester, mit der man sich gutstellen muss, damit man auch genügend Schmerzmittel bekommt.

Wenn ein älteres Familienmitglied nicht mehr jugendlich genug ist, wird es Zeit, sich über dessen Ansprüche auf Internierung in einer Anstalt zu informieren. Da der Tod das Schlimmste ist, hat man sich unbedingt um professionelle Betreuung zu bemühen, die diesen möglichst lange verzögert. Am besten ist es meist, wenn die Alten ihre letzten Jahre in Krankenhäusern verbringen, um noch alles herauszuholen, was technisch machbar ist und worauf man schließlich einen Anspruch hat. So fallen sie auch ihrer Familie nicht zur Last. Wird eine tödliche Krankheit diagnostiziert und ist mit baldigem Ableben zu rechnen, ist ein Hospiz die beste Wahl. Dort steht außer Zweifel, dass man sich nichts mehr vorzumachen braucht und alle Hoffnung fahren lassen kann. Wer trotzdem noch hoffen will, lässt einfach den Priester kommen. Zusätzlich ist es ratsam, eine Patientenverfügung zu unterschreiben, damit man tunlichst nicht als lebende Mumie endet, die zwar noch am Rande alles mitbekommt, aber nichts mehr mitzureden hat. Falls man in diesem Zustand trotzdem weiterleben möchte und dummerweise bereits unterschrieben hat, kann man ja winken und hoffen, dass es jemand bemerkt und richtig deutet. Die Hoffnung stirbt zuletzt.

Bis dahin hat aber jeder Bürger dank des Gesundheitssystems Anspruch auf optimale Gesundheit. Solange es mehr Geld dafür gibt, können wir unsere Gesundheit also getrost den Experten überlassen. Diese werden dafür bezahlt, unsere Gesundheit herzustellen, koste es, was es wolle. So müssen wir uns selbst nicht allzu viele Gedanken machen. Bloß zur Unterhaltung können Gesundheitsfragen manchmal dienen. Fernsehsendungen und Bestseller, die uns über die neuesten Trends informieren, helfen uns in unterhaltsamer Weise, die Irrtümer der letzten Jahre zu vergessen und nun das Gegenteil zu tun, wenn es aktuelle Studien oder Experten vorschlagen. Da letztlich alles im Auge des Betrachters liegt, also Ansichtssache ist, und niemand einen Überblick über sämtliche Heilmethoden hat, schon gar nicht über jene, die in fernen Ländern üblich sind, ist es ratsam, mit der eigenen Gesundheit immer wieder Experimente anzustellen. Schließlich kann man ja nie wissen, ob das alles etwas bringt oder nicht. Dies dient auch dazu, uns ein stilles Misstrauen gegenüber den Ärzten zu bewahren, das uns kritisch bleiben lässt. Zur Sicherheit hänge man sich demnach auch indianische Traumfänger übers Bett, zumindest nach einem schweren Abendessen.

Da es der wichtigste Aspekt der Gesundheit ist, im Alter jugendlich zu erscheinen, zumindest so, dass man noch Aussicht auf schönen Seniorensex hat, ist es ratsam, sich vorwiegend mit Fragen des Aussehens zu beschäftigen. Wie Schönheit herzustellen ist und was man dafür alles kaufen muss, darüber informieren uns die Medien. Meistens haben wir keine Zeit, irgendetwas in unserem Leben zu verändern, sodass uns die Hässlichkeit stets überfällt wie eine Dachlawine. Deshalb sollten wir, zusätzlich zu den staatlich finanzierten Kuren, auf die wir gesetzlichen Anspruch haben, zumindest einmal im Jahr auch die kostbare Freizeit dazu nutzen, um unseren angefressenen Schuldgefühlen kurz und panisch freien Lauf zu lassen. Dafür eignen sich die jeweils aktuellsten Diät- oder Fitness-Trends, die es auszuprobieren gilt. Das ist einerseits unterhaltsam, weil man sich jedes Jahr mit etwas Neuem motivieren kann, andererseits geben uns solche Gesundheitsreisen die Möglichkeit zu einem unbemerkten Seitensprung.

Allzu tief greifend ändere man seine Lebensgewohnheiten aber nicht, denn schließlich könnte das alles auch ein Unsinn sein. Wichtig ist nur, die Sache möglichst unterhaltsam zu gestalten, da es ja unsere Freizeit ist. Deshalb konzentriere man sich eher darauf, die für den Trend notwendigen Bücher, Medien, Utensilien und Kleidungsstücke einzukaufen. Das macht am meisten Freude und stützt die Wirtschaft. Hängt einem das Fett allerdings schon bedrohlich über den Gürtel, so muss man eben tiefer in die Tasche greifen und sich die Schwarte einfach wegschneiden lassen.

Rein prinzipiell erkennt man gute Therapien daran, dass sie gratis sind, das heißt von der Krankenkasse bezahlt werden. Demnach wende man alternative Heilmethoden, die stets etwas kosten, nur gelegentlich und vor allem bloß zusätzlich zur Schulmedizin an. Niemals sollte man eine Therapie, die von der Versicherung nicht bezahlt wird, einer anerkannten Methode vorziehen, da man sonst seine Ansprüche nicht optimal nutzt. Ganz entscheidend ist, dass niemand anderer eine bessere, das heißt teurere Behandlung bekommt als man selbst. Das wäre sozial ungerecht. Demnach muss jeder Arzt per Gesetz dazu verpflichtet werden, alle Menschen gratis mit den teuersten Geräten zu behandeln. Wir vergessen immer, dass Krankheit ja nur deshalb auftritt, weil noch nicht genügend Geld für Forschung, Gerätschaften und Medikamente aufgewandt wurde. Darum ist das wirksamste Heilmittel gegen jegliche Krankheit letztlich mehr Geld, und zwar so viel, dass wir gar nicht mehr auf die Idee kommen, krank zu werden. Zudem sind möglichst umfassende Vorschriften geboten, um uns vor ungesundem Verhalten und Risiken aller Art zu schützen. Hier gibt es einen nahezu unendlichen gesetzgeberischen Bedarf. Da Krankheit und Tod das Schlimmste sind, darf kein Aufwand für unseren Schutz zu groß sein. Uns selbst sollte dies jedoch kaum einen Aufwand verursachen, denn das wäre ungerecht. Schließlich haben wir nicht so große Mittel, wie andere sie besitzen.

Umwelt

Die Umwelt ist das Fanal der Menschheit. Gleich einer lodernden, rußenden Fackel dient sie uns als Warnung und zeigt uns bedrohlich unseren Untergang. Im Grunde ist es heute sinnlos, sich etwas vorzumachen: Die Lage ist vollkommen hoffnungslos. Seitdem wir durch die Medien so gut informiert sind, werden die Umweltprobleme täglich größer. Wohin wir auch sehen, wir finden sie mittlerweile überall. Nichts ist vom schädlichen Einfluss des Menschen sicher. Nichts ist mehr so, wie es früher war. Das weckt in uns allen ein großes, dumpfes und diffuses Schuldgefühl, das uns in schwachen Stunden wirklich unglaublich belastet. Doch diese Qual ist sinnvoll und bei Weitem nicht umsonst. Denn sie reicht aus, dass wir die radikalen Schritte, die von der Politik gesetzt werden, bedingungslos gutheißen. Ohne diese politischen Maßnahmen wäre unser Planet schon mehrmals kollabiert.

Je mehr Menschen es gibt, desto mehr leidet unsere Umwelt. Daher ist es schlichtweg eine Katastrophe, dass in manchen Gegenden der Welt immer noch Menschen vorzufinden sind, die sich wie die Karnickel vermehren. Das ist nicht nur unappetitlich und unnötig, sondern vor allem völlig verantwortungslos. Deshalb tragen wir, die wir in den zivilisierten Ländern wohnen, wir im Westen, die wir den Überblick und damit die Verantwortung haben, letztlich auch am meisten zum Umweltschutz bei, indem wir nämlich als Einzige systematisch auf Kinder verzichten – außer sie passieren uns irrtümlicherweise und wir verabsäumen ihre umweltschonende Abtreibung. Wir bringen die wahren Opfer. Und es ist auch logisch, dass dies so ist. Denn es ist letztlich *unsere* Welt, die da elendiglich zugrunde geht. Wir haben diese Welt erdacht und aufgebaut. Wir sind die Gründer wie die Erben unserer Zivilisation. Und deshalb sind wir auch die Zielgruppe der Medien und werden über ihren Untergang täglich informiert.

Man kann es nicht oft genug wiederholen: Der Mensch ist ein Krebsgeschwür auf diesem Planeten. In Scharen überzieht er alles, was sich ihm in den Weg stellt. Er macht alles zunichte. Was einst grün und herrlich war, wird welk und braun. Alles verpilzt, verschleimt, wird rabenschwarz und geht zugrunde. Es ist ein Saustall. Und jeder Einzelne von uns sitzt mittendrin. Es sieht so aus, als hätten wir die Herrschaft endgültig verloren. Diesen Hass, den wir innerhalb der Massen verspüren, richten wir am besten unpersönlich auf den Menschen selbst. Überall sind sie uns im Weg, die anderen Menschen, die unsere Souveränität bedrohen, ob nun zu Hause in den Städten, wo sie die Straßen verstopfen, oder im Urlaub, wo sie sich in Form von Pauschalreisenden entlang der Routen des Massentourismus bewegen. Ekelhaft ist das: Kaum dreht man sich um, steht schon wieder einer da. Für unsere Umwelt wäre es demnach am besten, wenn sich all jene Menschen, die uns nichts bedeuten, die uns letztlich nur im Wege stehen, freiwillig selbst entsorgen würden. Ihr unersättlicher Konsum von Ressourcen, ihr Müll und ihre Abgase zerstören unseren Planeten Stück für Stück. Um diese Welt von ihrem Krebsgeschwür zu retten, sind radikale chirurgische Eingriffe nötig.

Wir selbst können gegen diese Umweltprobleme natürlich gar nichts ausrichten. Dafür sind sie viel zu groß. Wir sind nur Einzelne. Wenn ein Einzelner sein Verhalten ändert, hat das keinerlei Auswirkung. Entweder tun alle mit oder es hat keinen Sinn. Deshalb ist es für die Umwelt am besten, wenn die Massen ständig aufgeschreckt werden, und auch wir uns, als der wertvollste Teil dieser Massen, unentwegt aufschrecken lassen, damit eine konformistische Angst entsteht. Diese kann dann von der großen Politik sinnvoll genutzt werden. Selbst etwas zu ändern, womöglich das eigene Verhalten, ohne dass alle anderen dabei mittun, hieße, sich selbst einzuschränken. Außerdem wäre es vollkommen ungerecht, wenn sich nicht gleichzeitig auch alle anderen einschränken müssten. Individuelle Verhaltensänderungen, die ins Grundlegende gehen, sind aus sozialen Gründen undurchführbar und demnach abzulehnen. Im Klartext: Wir haben viel zu wenig Geld und Zeit dafür.

Große Umweltprobleme benötigen riesige Mittel zu ihrer Endlösung. Darum braucht es mehr Geld für unsere Umwelt. Nur mit mehr Geld, das es via Stimmzettel zu legitimieren gilt, kann man die Umwelt effektiv schützen, ohne sich selbst einzuschränken. Da wir die Masse sind, ist es nämlich so, dass sich im Grunde niemand einschränken muss, wenn wir nur alle gleichzeitig dazu gezwungen werden, uns gleichmäßig einzuschränken. Wir haben ein wachsames Auge, das empfindlich für Ungerechtigkeiten ist. Und beim Geld fängt alles an – und hört sich alles auf. Das ist auch der Grund dafür, warum etwa technische Alternativen staatlich gefördert werden müssen. Denn wenn es diese Förderung nicht gäbe, wären die Alternativen viel teurer als all die schädlichen Wege, die wir tagtäglich beschreiten, und wir könnten uns nicht für die besseren entscheiden. Im Grunde machen wir ohnehin nur das, was die Experten sagen, denn wir kennen uns in Umweltdingen ja nicht wirklich aus. Tatsache ist jedenfalls, dass wir es uns schlichtweg nicht leisten können, etwas anderes als das Billigste zu kaufen. Denn das hätte zur Folge, dass wir nicht so viel davon kaufen könnten und so ließe sich der Verlust unserer Souveränität niemals kompensieren.

Jedenfalls helfen uns die Massenmedien, derart schwere Entscheidungen gleichsam blindlings zu meistern. In immer kürzeren Abständen schüren sie eine heilsame Panik, damit wir uns ständig hinreichend schuldig fühlen. Dieser Schuld können wir durch einen immer rasanter werdenden Einkauf passender Produkte Abbitte tun. So bleiben wir ständig engagiert und wählen letztlich auch die richtigen Politiker. Freilich stumpfen wir in dem Stakkato zunehmend auch ab, glauben irgendwann gar nichts mehr und ignorieren schlicht alle Probleme. Doch bis dahin werden die Massen schon genügend mobil geworden sein, um mithilfe der Politik alle Probleme gelöst zu haben. Es wäre ja auch so einfach: Man müsste nur alle Umweltprobleme verbieten und mehr Geld für die Umwelt einsetzen.

Denn wir lieben unsere Umwelt. Sie ist das Schönste, das es gibt. Umwelt, du bist die konsumierbare, gepflegte Grünfläche in meiner nächsten Nähe. Du bist aber auch die tiefste Wildnis mit exotischen Tieren am Ende der Welt. Und es ist wahr: Wir sind gerührt, wenn wir an unsere Umwelt denken. In der warmen Jahreszeit freuen wir uns schon die ganze Woche auf das Wochenende, damit wir mit dem Auto ins Grüne fahren können. Dort praktizieren wir dann unsere Freizeit und probieren in Freizeitkleidung all die neuen Freizeitartikel aus, die wir uns in der Zwischenzeit gekauft haben. Am Abend, schmutzig und müde, sind wir freilich froh, wieder hinter dem Fliegengitter zu sitzen. Wohnen müssen wir zum Glück in dieser Umwelt nicht. Das wäre wohl zu viel verlangt. Und so ist es letztlich viel ehrlicher, die Umwelt vor allem im Fernsehen zu genießen. Das erspart uns die viele Heuchelei. Außerdem hat es den Vorteil, dass nichts sticht und zwickt. Aus dem Fernsehen wissen wir ja schließlich auch, wie wichtig unsere Umwelt ist. Also ist alles aufs Beste bestellt.

Umwelt, das ist die Natur, die andere ertragen; die Landschaft, die andere pflegen; die Nutzung, auf die andere verzichten; das Erbe, das andere bewahren. Das macht Umwelt so großartig. Man kann sich über sie freuen, unbedarft wie ein Kind, ohne selbst etwas dafür leisten zu müssen. Die Umwelt ist in der Tat das Paradies. Alles wächst von selbst. Deshalb reißen wir auch zur Erntezeit Weintrauben und Maiskolben aus, weil wir diesem Umstand huldigen. Dabei brauchen wir kein schlechtes Gewissen zu haben. Bauern bekommen schließlich die meisten Subventionen, sodass ihre Früchte zum Großteil ohnehin schon Allgemeingut sind. Leider fahren sie wie die Idioten mit dem Traktor herum und spritzen Gift auf das gute Gemüse. Dabei machen sie Lärm, verpesten die Luft und sind überhaupt eine rechte Plage, vor allem, weil sie so rückständig sind. Am besten wäre es, wenn es in der Umwelt überhaupt keine anderen Menschen gäbe. Dann hätte man sie ganz für sich allein. Nicht, weil man sich so ganz allein in die Natur trauen würde. Doch es ist schlicht ein schöner Gedanke, über alles verfügen zu können, ohne selbst etwas dafür aufgeben zu müssen. Träumen wird man ja noch dürfen.

Umwelt ist nie der Parkplatz, der einem selbst fehlt, nie die Natur, die einem selbst den Weg versperrt, niemals die Fauna, die einen selbst bedroht, oder das Grünland, auf dem man selbst bauen möchte. Denn als Einzelner fällt man schließlich überhaupt nicht ins Gewicht. Nur die Masse macht es aus. Sie macht den Unterschied. Die Masse ist daher schuld an den Problemen. Deshalb muss sie in die richtigen Bahnen gelenkt werden. Denn wenn die Masse etwas will, dann ist sie stark und kann alles durchsetzen, was ihr beliebt. Auch können wir bei wichtigen Entscheidungen als Einzelne niemals sicher sein, das Richtige zu tun. Denn nichts ist mehr von einer höheren Instanz vorgegeben. In unserem Privatleben gibt es keine verbindliche Norm, die wir erkennen und an die wir uns halten könnten. Alles ist demnach relativ und liegt im Auge des Betrachters. Das Überlegen und Bewerten auf eigene Faust kann somit auch der Umwelt wenig hilfreich sein. Absolut sicher, im Sinne echter Resultate, ist nur das, was als Gesetz uns vorgeschrieben wird. Über die Inhalte dieser Gesetze entscheiden die Experten. Und die werden ja wohl wissen, was sie tun.

Je weiter entfernt die Umwelt ist, je größer der Urwald, je länger die Küste, je menschenleerer, fremder und bizarrer die Region, an die man gerade zufällig sein Herz hängt, desto eher lässt sich der angenehme Eindruck bewahren, die Umwelt schützen zu können, ohne selbst irgendwelche Kosten dafür tragen zu müssen. Je größer die Dimensionen sind, die ins Auge gefasst werden, desto weniger finanzielle Kompromisse braucht es zu geben. Globale Probleme erfordern demnach kompromisslose Endlösungen. Keine Kosten dürfen gescheut werden, um jede Spur menschlicher

Umweltschädigung zu beseitigen. Damit dies auch gelingt, braucht es unbeschränkte Machtbefugnisse, letztlich totale, globale Kontrolle auf jedem Gebiet. Das heißt, wir müssen globale Behörden installieren, denen, besonders was das Geld betrifft, keine Limits gesetzt sind. Denn nur auf diese Weise können sie ohne Rücksicht auf Verluste die Meinungen der Experten auch umsetzen. Wenn dies nicht bald geschieht, wird die gesamte Menschheit letztlich aussterben beziehungsweise wir alle müssten uns deutlich einschränken. Der Untergang muss also verhindert werden, selbst wenn dabei das ganze Krebsgeschwür entfernt werden müsste. Wichtig ist bloß, dass unsere kleine Konsumwelt erhalten bleibt.

Deshalb ist es in Umweltfragen entscheidend, schon die Jüngeren und Jüngsten für die großen Probleme zu sensibilisieren. Denn so könnten bereits die Kinder, wie kleine Nazis, ihre Eltern beaufsichtigen und darüber wachen, dass diese keine Umweltsünden begehen. In weiterer Folge wären sie dann auch in der Lage, Umweltsünden oder selbst umweltpolitische Gedankenverbrechen ihrer Eltern an die Behörden zu melden und somit im Keim zu ersticken, zumindest wenn dafür geeignete Internetplattformen zur Verfügung stehen. Als Belohnung gibt es Freikarten für den städtischen Zoo. Kindermund tut Wahrheit kund, das wissen wir. Man muss sich also nur etwas einfallen lassen, damit alle mitspielen. Der Kreativität sind keine Grenzen gesetzt. Und Skrupel muss man ja keine haben. Denn dass es hier um die gute Sache geht, versteht sich von selbst.

Je früher diese Umwelterziehung also einsetzt, desto besser. Dabei geht es nicht etwa darum, rückschrittliche Naturkunde zu lehren, bei der man Wissen über heimische Pflanzen und Tiere erwirbt. Solche Dinge kann man ohnehin im Internet nachschlagen, falls man reaktionäre Interessen bekommt. Und man wird ja wohl nicht wollen, dass die Kleinen später einmal im Dirndl und in Lederhosen durch die Wälder streifen, unschuldige Fische fangen oder Bambis ermorden. Schließlich soll die Natur unberührt bleiben, denn sonst hätte der Umweltschutz ja keinen Sinn. Bedeutsam ist demnach vor allem die richtige Einstellung, jene gesunde Mischung aus Panik und Empörung, die unsere Kleinen politisch in Bewegung bringt. Am meisten Spaß macht es, diese Einstellung durch den Einsatz von Massenmedien in der Schulklasse einzuüben. Dabei können die Schüler dann Collagen aus Bildern über die schlimmsten Umweltzerstörungen anfertigen, die sie im Fernsehen gesehen haben, und empörte Phrasen darunterschreiben. Lehrer sind für derartige Anliegen die denkbar beste Unterstützung.

Machen wir uns nichts vor: Eigentlich ist die Lage noch viel schlimmer, als wir es aufgrund der Medienberichte ahnen. Denn das meiste wird uns verheimlicht. In Wirklichkeit sind wir komplett verseucht. Alles ist mittlerweile voll von Giften, Strahlen, Genen und Atomen. Wer heute in einen Apfel beißt, muss damit rechnen, dass ihm die Zunge anschwillt und dick und grün wird wie eine Salzgurke. Das ist kein Spaß. Oder wer dauernd mit dem Handy telefoniert, der grillt letztlich sein Hirn. So manchen rinnt beim Telefonieren schon der Schaum aus den Ohren, sodass von der Hirnmasse kaum noch etwas übrig ist. Andere wiederum haben so viele Kekse mit Konservierungsmitteln gegessen, dass sie im Grab nicht mehr verwesen. Die liegen dann so herum bis zum Jüngsten Gericht. So kann das nicht weitergehen. Unsere Umwelt ist somit auch der eigentliche Grund der vielen Krankheiten, insbesondere Krebs. Immer mehr und immer ältere Menschen sterben an Krebs, was ein untrügliches Zeichen der Vergiftung ist. Wir werden systematisch vergiftet und können überhaupt nichts dagegen tun.

Am schlimmsten sind all die unsichtbaren Bedrohungen, die aus dem Ausland kommen. Was auch immer man den Medien entnehmen kann: Glauben schenken kann man heute niemandem mehr. Alles, was uns beruhigen soll, ist von der Industrie finanzierte Propaganda. Die Wahrheit ist, dass wir die Wahrheit nur mehr daran erkennen, dass man sie uns verheimlichen würde, wenn man könnte, weil sie so furchtbar ist. Bald werden auch alle Ressourcen erschöpft sein, sodass nichts mehr für uns übrig ist. Bald werden wir uns das Benzin für unsere Autos nicht mehr leisten können, weil das Erdöl versiegt. Darum ist es auch so wichtig, alle anderen möglichst stark einzuschränken, damit unsere Umwelt endlich billiger wird. Dass andere sich an unserer Umwelt frei bedienen können, ist eine der größten Ungerechtigkeiten unseres Wirtschaftssystems. Dieses System, dem wir völlig hilflos gegenüberstehen, ist auch der eigentliche Grund für die Umweltzerstörung. Die Umweltzerstörung wird erst dann zu einem Ende kommen, wenn alle Ungerechtigkeit abgeschafft wird und der Staat endlich wieder die volle Verantwortung für unser Leben übernimmt.

Kultur

Kultur ist deshalb unendlich wichtig, weil letztlich unsere Ehre und unser Stolz an ihr hängen, im Grunde unser gesamtes internationales Prestige. Wer will schon aus einem Land stammen, das keine Kultur hat und sich im Ausland dafür schämen müssen. Niemand will als unbedeutender Nasenbohrer gelten, als Rüben- und Kartoffelkopf, in dessen Land bloß Ziegenkäse produziert wird. Deshalb müssen die zuständigen Behörden dazu angehalten werden, stets neue und aufregende Kulturprojekte zu entwerfen, die es auch öffentlich und eindrucksvoll zu inszenieren gilt. Nur so lässt sich vor allen der Eindruck erwecken, dass die Nation noch ungebrochen ist und über Schaffenskraft und Vitalität verfügt.

Je größer und aufwendiger diese Kulturprojekte sind, desto höher steht die Kultur. Dass dafür enorme Budgets zu bewilligen sind, versteht sich von selbst. Denn aufgrund der globalen Konkurrenz, die heute in der Kulturproduktion herrscht, und dem Massenmarkt, den es zu erreichen gilt, hätten einheimische Kulturschaffende nicht die geringste Chance, internationale Anerkennung zu erlangen, was wiederum die Voraussetzung für die mediale Berichterstattung ist, welche letztlich darüber entscheidet, was überhaupt zur Kultur zu zählen ist und was nicht. Dieser Zusammenhang beweist, dass Kultur eine ziemlich komplizierte Angelegenheit ist, die von langer Hand politisch vorbereitet werden muss und keineswegs von selbst entsteht.

Aktuelle Kulturtrends werden ausschließlich in den Weltmetropolen gesetzt, denn nur dort steht man, vor allem was die Lebensart betrifft, auf der Höhe seiner Zeit. Lokale und ländliche Kulturen hingegen sind immer rückständig. Das braucht einen auch nicht weiter zu verwundern. Denn wie sollen Leute, die schwarze Ränder unter den Nägeln haben, ständig fettes Fleisch essen und einen unverständlichen Dialekt sprechen, in kulturellen Angelegenheiten auch mitreden können? Das wäre technisch gar nicht möglich. Niemand würde sie verstehen. Solchen Leuten fällt die Aufgabe zu, die Kultur via Steuerleistung zu finanzieren. Ansonsten sind sie für nichts zu gebrauchen, nicht einmal als kritisches Publikum.

In politischer Hinsicht stellen diese Leute sogar eine ernst zu nehmende Gefahr dar. Denn Kultur, die von einfachen Menschen hervorgebracht wird, gefällt nur Rechts- oder Linksextremen. Insbesondere alles Volkstümliche, das seinen Sitz in der Lederhose hat, ist eine Brutstätte für Nazis aller Art. Bräuche, wie etwa der Perchtenlauf, sprechen Bände. Hier zeigt sich das wahre Gesicht. Kultur, die einfachen Menschen gefällt, ist demnach minderwertig und zeugt von faschistoider, zumindest aber primitiver Gesinnung. Hohe Kultur hingegen erkennt man daran, dass sie von Profis unter Einsatz von großen Budgets erzeugt wird und der einfache Mensch sie nicht versteht. Diese Kultur muss unbedingt staatlich gefördert werden, da es sonst gar keine Hochkultur gäbe.

Besonders hohe Kultur nennt man Kunst. Kunst, vor allem die zeitgenössische, ist alles, was einfachen Menschen so gut wie niemals gefällt. Und das ist auch ganz klar. Denn dass einem etwas gefällt, ist schließlich nicht der Punkt. Auch ein Schnitzel gefällt, wenn es so goldgelb knusprig auf dem Teller liegt. Auch ein Jodler entzückt, wenn er die Alpenluft durchdringt und uns die Glockenblume heimatlich in Schwingung bringt. Dass etwas unmittelbar gefällt, ganz ohne dialektische Vermittlung, an dem man noch dazu ein handfestes und emotionales Interesse hat, ist immer tendenziös und daher prinzipiell verdächtig. Zumindest haben solche Anwandlungen mit Sicherheit nichts mit Kunst zu tun.

Kunst ist ein rein geistiges Phänomen und völlig frei von jedem Zweck. Demnach gibt es für die Kunst, so wie für alles Geistige heute, auch keine objektiven Kriterien. Kunst ist subjektiv. Deshalb ist es auch so wichtig, dass Experten ständig darauf achten, dass in den großen öffentlichen Ausstellungen ausschließlich objektiv anerkannte Künstler zu bewundern sind. Welche Künstler gerade anerkannt sind, erfahren wir zeitgerecht aus den Medien. Selbst kann man solche Dinge nur schwer beurteilen und sollte sich dies auch nicht anmaßen. Hier sind politische Interessen im Spiel, die wir als einfache Menschen nicht durchschauen, aber im Interesse aller zu akzeptieren haben.

Kunst wird produziert, um in Galerien für den Kunstmarkt und in staatlichen Museen ausgestellt oder in großen Konzertsälen, Opernhäusern und Theatern aufgeführt zu werden. Je mehr Menschen sich an diesen Orten versammeln, desto teurer ist diese Kunst und für desto künstlerisch wertvoller darf man sie auch halten. Freilich haben wir in unserem Hamsterrad, das wir fünf Tage in der Woche in Schwung halten müssen, weder die nötige Muße, um die besagten Werke wirklich zu verstehen, noch die erforderlichen Finanzmittel, um sie zu besitzen. Deshalb ist es auch so wichtig, dass die teuerste und damit beste Kunst staatlich aufgekauft und gratis zugänglich gemacht wird, auch wenn wir so gut wie niemals dazu kommen, sie uns in Ruhe anzusehen. Kunst ist letztlich etwas, das man möglichst ohne Aufwand sollte genießen können, sodass es einem zumindest erspart bleibt, noch zusätzlich Geld auszugeben, wenn man schon seine kostbare Freizeit dafür verwendet.

Kultur ist heute ein demokratisches Grundrecht, ein kollektives Gut, auf das jeder Einzelne von uns einen verbrieften Anspruch hat. Dieser Anspruch ist deshalb notwendig geworden, weil wir Kultur aus eigener Kraft nicht mehr hervorbringen können. Auch wenn wir selbst singen könnten, ließe sich daraus erst durch den massiven Einsatz von Profis oder mithilfe von hohen staatlichen Förderungen ein anerkanntes Kulturprodukt machen. Aktive Hausmusik etwa reicht nie an die Qualität von professionellen Tonaufnahmen heran, die man bequem zu Hause abspielen kann. Wer kein anerkannter Künstler ist, sollte demnach seine Kunst allenfalls als Hobby betreiben. Einen höheren Anspruch sollte man damit aber nicht verbinden, denn mit dem professionellen Kulturangebot kann Selbstgeschaffenes ohnehin niemals konkurrieren.

Eine Kulturnation zeichnet sich demnach dadurch aus, dass genügend öffentliches Geld dafür verwendet wird, um anerkannte, zeitgenössische Künstler reichlich zu bezahlen, vor allem aber, um ein Publikum für sie zu schaffen, indem man den Konsum von Hochkultur hoch subventioniert. Trotz alledem sind die Eintrittsgelder in der Regel immer noch viel zu teuer. Streng genommen müsste man die einfachen Menschen, die sich diese Dinge ja nicht einmal gratis ansehen würden, dafür bezahlen, zeitgenössische Kultur zu konsumieren. Denn Kunst hat schließlich einen pädagogischen Auftrag. Dass sie an ihrem Auftrag scheitert, liegt also vor allem am fehlenden Geld. Eine Notlösung ist, die hohe Kunst im Fernsehen zu zeigen. Wenn es gelingt, dabei möglichst viele Prominente auf einmal ins Bild zu bringen, erreicht man die einfachen Menschen mit Sicherheit. Zumindest ist gewährleistet, dass sie die wichtigsten Namen richtig aussprechen.

Aufgrund all dieser Schwierigkeiten ist es also unvermeidlich, dass sich die meisten Menschen in ihrer Freizeit mit niedrigerer Kultur abgeben. Im Gegensatz zur Hochkultur ist es bei der niedrigeren Kultur extrem wichtig, dass sie möglichst vielen gefällt. Denn nur dann, wenn die Masse auch ständig dieselben Filme, Fernsehsendungen, Bücher und Musikalben konsumiert, kann sie sich noch kulturell verbunden fühlen. Als Kulturbeflissener der niederen Sorte halte man sich demnach unbedingt fern von all jenen Kulturprodukten, die einerseits der Masse nicht gefallen, andererseits aber trotzdem keine hohen Preise auf dem Kunstmarkt oder hohe Förderungen von der Politik erzielen. Solche Produkte braucht wirklich niemand. Sie sind letztlich nichts anderes als Spinnerei.

Leider ist jene Kultur, die unser nationales Prestige begründet hat, ziemlich veraltet, sodass sie heute peinlich wirkt, im Grunde eine Schande ist. So stammt sie etwa aus einer Zeit, in der die Männer noch Sockenhalter trugen und ständig ihre Frauen verprügelten. Das war auch mit ein Grund dafür, warum die Frauen damals nicht arbeiten gingen; sie konnten sich vor Schmerzen kaum bewegen. Hundert Jahre früher noch haben unsere kulturellen Urahnen mit Vorliebe in Stiegenhäusern uriniert und sich noch dazu in dümmlichen Reimen unterhalten, wie die alten Theaterstücke zeigen. Auch die Männer in Strumpfhosen, die man im klassischen Ballett bewundern darf und die sich dort lächerlich schwebend über die Bühne bewegen, sind moralisch kaum zu ertragen.

Aber lassen wir das: Wir können sehr stolz darauf sein, dass unser Staat eine solche Kultur hervorgebracht hat. Denn da der Staat wir alle sind, können wir davon ausgehen, dass wir diese Kultur auch selbst verursacht haben und sie uns selbst zuschreiben. Daher ist es besonders wichtig, diese Kulturgüter gegen ausländische Beanspruchungen zu schützen. Nur wir allein haben einen Anspruch, von diesen Gütern zu profitieren. Ihr Profit liegt im Wesentlichen darin, dass sich diese Güter bestens dazu eignen, für den Tourismus bewirtschaftet zu werden. Ausländern gegenüber dürfen wir uns also stets stolz darüber zeigen, dass wir sie unser Eigen nennen können, da sie ja in der Tat bei Weitem alle anderen überragen. Inländern gegenüber empfiehlt es sich hingegen, stets eine innere Verachtung für diese Kulturgüter zu demonstrieren, um nicht in den Geruch der Volkstümlichkeit und Rückschrittlichkeit zu geraten.

Der wichtigste Teil unserer nationalen Kultur sind die historischen Bauwerke – und wir können wirklich froh sein, dass wir sie haben, denn sie lassen sich für den Tourismus mit Abstand am gewinnbringendsten vermarkten. Freilich weiß jeder kunstsinnige Zeitgenosse, dass solche Bauten, aus heutiger Sicht, als abgrundtief hässlich, reaktionär und verschwenderisch zu gelten haben.

Mit ihren Girlanden, ihrem Blumenschmuck und ihren mythologisierenden Reliefs sind sie bestenfalls hübsche Fassaden, Kulissen, die jeder Sachlichkeit und klaren Linie entbehren. Auch ist die Höhe der Innenräume dieser Bauten derart feudal, dass sie etwa für moderne Büros nicht nutzbar sind. Man müsste überall Zwischendecken einziehen, in etwa drei bis vier pro Stock. Heute haben öffentliche Bauten einen ganz anderen Zweck. Sie sollen einerseits die in der Bürokratie tätigen Massen möglichst raumsparend verstauen, andererseits den Sinn der Politik für die hohe Kunst ausdrücken, indem angesagten Architekten der Raum zur Selbstverwirklichung geboten wird. Bauliche Schönheit und Integrität mussten demnach an die Erfordernisse der Zeit und an die hohen Ansprüche der Kunst angepasst und gänzlich neu definiert werden, was auch erklärt, dass der moderne Zweckbau so gut wie niemandem gefällt. Aber das hatten wir schon: Dass jemandem etwas gefällt, ist schließlich nicht der Punkt.

Der zweitwichtigste Teil unserer nationalen Kultur ist die Musik, vor allem jene, die zu den historischen Bauten passt, die also aus der Zeit der historischen Bauten stammt. Wenn diese Musik dann noch in jenen Bauten aufgeführt wird, vielleicht sogar in den Originalkostümen von damals, sind das zwei Fliegen auf einen Schlag: Einerseits wird die historische Musik durch die historischen Bauwerke und die historischen Kostüme in ihrem Anachronismus besser verständlich, andererseits gibt es mehr triftige Gründe, diese Bauwerke zu betreten und sich konsumierend in ihnen aufzuhalten. Das ist zwar alles irgendwie auch peinlich, weil es das Flair einer Volkstanzgruppe hat, aber „pecunia non olet“, wie der Römer sagt, „Geld stinkt nicht“. Welche Musik dort geboten wird, ist egal: Hauptsache, sie ist alt und so perfekt reproduziert, dass den Touristen die Kinnlade offen bleibt. Im Grunde sind es ja immer die gleichen Stücke, die geboten werden. Aber so ist es eben: Was den Menschen gefällt, muss man auch ständig wiederholen, vor allem, wenn es sich um Hochkultur handelt.

Das drittwichtigste nationale Kulturgut ist die Literatur. Die Aufgabe der Literatur ist es, die Einbauregale in den Wohnzimmern ästhetisch auszufüllen. Dabei sind drei Gattungen zu unterscheiden: Die klassische Literatur dient dazu, Eindruck zu schinden. Sie ist der Beleg dafür, dass die eigene Nation allen anderen kulturell überlegen ist. Da diese Literatur so alt ist, dass die Urheberrechte bereits abgelaufen sind, bietet sie den Vorteil, in besonders günstigen Ausgaben verramscht zu werden. Dabei kann man aus einer Vielzahl an Einbandgestaltungen wählen, damit alles gut mit der Tapete harmoniert. Die zweite Gattung ist die zeitgenössische Literatur. Diese wird für staatlich subventionierte Literaturpreise geschrieben und ist den einfachen Menschen nicht zuzumuten, da sie weder Zeit noch Muße dafür haben. Allein die dritte Gattung ist zumutbar: die Bestseller. Diese werden in den Massenmedien über einfache Listen kommuniziert. Es handelt sich dabei um simple Konsumgüter, gewissermaßen um eine altertümliche Form der DVD. Da Bestseller oft verfilmt werden, kann man sich die Lektüre eigentlich auch sparen.

Einst zählte man zur Kultur auch die Umgangsformen, die Kochkünste, die Kleidung, einen geteilten Kanon an Poesie und Prosa, gemeinsame Rituale, Spiele und Traditionen. Diese Perspektive ist schon längst nicht mehr zeitgemäß, weil es heute jeder so handhabt, wie es ihm gefällt. Die Form ist ohne jede Bedeutung, so wie die Verpackung unserer Konsumgüter, die sogleich in den Müll wandert. Was zählt, ist der Inhalt, auch wenn es sich um wertlosen Ramsch handeln mag. Wer es sich überhaupt noch antut, selbst zu kochen, der kann auf eine große Auswahl an Fertiggerichten zurückgreifen. Besonders Experimentierfreudige können sogar jedes beliebige Rezept aus dem Internet herunterladen und so streng nach Vorschrift ihre Kreativität ausleben. Auch wie man sich kleidet, entscheidet jeder individuell, selbst wenn sich dann letztlich die meisten dafür entscheiden, dasselbe anzuziehen, weil es im Textilsupermarkt gerade im Angebot ist oder die Medien etwas für besonders angesagt erklären. Lokale

Kultur ist nur noch etwas für künstliche, subventionierte Inszenierungen, um Touristen etwas vorzuspielen.

Auf diese Entwicklung kann man nur auf zweierlei Art reagieren: Entweder man ist modern, indem man jede Kulturform, zu der irgendein lokaler Bezug besteht, verachtet und gezielt vermeidet. Oder man verachtet alles Fremde und drängt danach, allein das Überkommene rein und unverfälscht zu konservieren. Wie auch immer: Dazu kann und muss man selbst nichts tun. Es reicht, schlicht den Staat um Hilfe anzurufen, damit er uns „die Kultur“ anhaltend finanziert und schützt.

Beziehungen

Was Männer und Frauen betrifft, so ist heute endlich alles ganz anders. Früher war es nämlich so, dass die Männer die Frauen penetrierten. Auf diese Weise gaben sie ihnen zu verstehen, wer hier das Sagen hat und wer sich unterordnen muss. Von Urzeiten an mussten die Frauen diesen zweifelhaften Sachunterricht über sich ergehen lassen, was die Welt mit unermesslichem Leid erfüllte. Das war auch mit der Grund dafür, dass sich die Rolle der Frau niemals ändern konnte. Heute hingegen ist das anders. Heute gibt es den Umschnall-Dildo. Der Umschnall-Dildo, der sich in vielen Ländern schon als wahrer Segen zeigt, schafft die Voraussetzung dafür, die Geschlechterrollen in der Praxis völlig umzudrehen. Montiert auf den Hüften einer Frau, bringt er die Männer in der Tat zum Umdenken, vor allem jene, die politische Verantwortung tragen. Denn ihnen wird handgreiflich vor Augen geführt, dass alles grundsätzlich ganz anders sein könnte und auch in der Tat ganz anders ist. Nebenbei gesagt ist diese Methode auch das beste Verhütungsmittel. Aber vor allem ist sie, moralisch betrachtet, das beste Training für den Mann, sich in die Rolle der Frau einmal wirklich hineinzuversetzen. Und das ist wichtig, damit politisch auch das Richtige geschieht.

Trotzdem bleibt noch viel zu tun. Männer und Frauen wären schon längst vollkommen gleich, wenn sich einzelne rückschrittliche Kräfte nicht immer noch dagegen wehren würden. Leider sind die meisten Männer nach wie vor gewaltbereite Sexualstraftäter. Zumindest haben sie dazu großes Potenzial und verüben zahlreiche Gedankenverbrechen, solange sie nicht die Gelegenheit zu offensichtlichen Vergehen haben. Es ist den Frauen demnach völlig unklar, was Männer in Wahrheit denken, und was sich hinter der Vielfalt ihrer Blicke eigentlich verbirgt.

Die größte Gefahr ist aber ohnehin gebannt. Denn da die Frauen, dank Umschnall-Dildo, heute nicht mehr unentwegt penetriert werden, sondern ihrerseits die Männer penetrieren, können sie auch endlich arbeiten gehen. Das bedeutet, dass sie jetzt auch ihr eigenes Geld verdienen und so von den Männern unabhängig sind. Zumindest könnten sie es sein, wenn sie ihr Geld nicht immer nur für Lippenstifte und Strumpfhosen ausgeben würden.

Männer sind für die meisten Frauen, die sich noch nicht von ihren biologischen Zwängen befreien konnten, heute bloß gelegentliche Hilfsmittel zur sexuellen Befriedigung. Dabei kommen selbstverständlich nur solche Männer in Betracht, die nicht pervers sind. Pervers sind Männer mit einem Sexualverlangen, das nicht ihrem Status entspricht, also Männer, die etwa zu hässlich oder zu arm sind, als dass sie mit den Frauen ungestraft das machen könnten, was sie wollen. Dies ist auch der einzige Fall, in dem frau zur Selbstverteidigung schreiten kann, am besten mit einem gezielten Tritt in die Kronjuwelen, und am besten noch bevor der Loser seinen Mund aufgemacht hat. In allen anderen Fällen ist es geboten, die Behörden und vor allem den Anwalt in Anspruch zu nehmen, besonders wenn man weiß, dass dabei etwas zu holen ist.

In dieser Hinsicht gibt es im Sexuellen eigentlich keine Tabus mehr, abgesehen von solchen, über die man nicht reden kann. Deshalb sind junge Menschen auch schon möglichst früh aufzuklären, damit sie in sexuellen Angelegenheiten rasch und unabhängig aktiv werden können. Mädchen etwa haben heute die Freiheit, sich so freizügig zu kleiden, wie sie möchten. Wenn es nicht so viele perverse Männer gäbe, dann wäre es auch vollkommen harmlos, wenn bereits Volksschulkinder mit Make-up, High Heels und Strumpfbandgürtel herumlaufen würden, unter Umständen auch die Buben. Schließlich haben diese Dinge ja einen

Sinn. Sie sollen Wirkung erzielen und damit die eigene Attraktivität aufwerten. Schon in den Menschenrechten steht, dass jeder ein Anrecht auf ein glückliches Leben hat. Und was für die Menschen gilt, gilt für die Kinder allemal. Um die Freiheit der Mädchen, sich sexy zu kleiden, zu vergrößern, ist es also wichtig, möglichst umfassende Kontrollen, Überwachung und Schutzmaßnahmen einzuführen. Lolitas sind schließlich mit das Frivolste, was es gibt.

Bei den Sexualkontakten, die sich möglichst früh im geschützten Rahmen der Schule abspielen sollten, ist es bloß wichtig, dass die Kinder ordentlich aufgeklärt sind, denn sonst könnte eine Seite weniger Befriedigung daraus ziehen als die andere. Deshalb empfiehlt es sich auch, bereits in den unteren Jahrgängen die Klassenvorstände dazu anzuhalten, mit ihren Schülerinnen und Schülern ab und an in den Sex-Shop zu gehen. Das schafft Vertrauen und baut Hemmungen ab. In der Oberstufe geht man dann statt dem jährlichen Schulgottesdienst gemeinsam in die Erotik-Messe. Manche mag das schockieren, aber die Dinge ändern sich einfach. Wichtig ist, dass den Mädchen nichts passiert. Deshalb sind in den Schulen Verhütungsmittel anzubieten, und zwar gratis, um die pädagogisch wichtigen, aber doch heiklen ersten Annäherungen nicht künstlich zu verteuern. Letztendlich geht es darum, dass alle ein hinreichend klares Verständnis dafür bekommen, was das eigentlich ist, was man heute eine „Beziehung“ nennt. Denn je früher man mit solchen Beziehungen beginnt und je mehr man letztlich davon hat, desto mehr Befriedigung lässt sich gewinnen.

Kinder sollte man erst dann nicht mehr abtreiben, wenn man sie sich leisten kann und Lust darauf hat. Das ist meistens erst der Fall, wenn die Frau fürs Kinderkriegen schon zu alt ist. Darum ist es für die Frauen besonders wichtig, in dem kurzen Zeitfenster, das sich vielleicht doch noch auftut und in dem beide Erfordernisse gegeben sind, möglichst eilig den Traummann zu finden. Dieser zeichnet sich dadurch aus, reich, attraktiv und gebildet zu sein, also ein tageslichttauglicher, voll rasierter Autobesitzer mit

Maturaniveau. Leider suchen auch solche Traummänner vornehmlich nach Traumfrauen, weshalb es hier manchmal zu Engpässen kommen kann. Zum Glück ist es aber so, dass man für Sex gar keinen Traummann und keine Traumfrau braucht. In der Not frisst der Teufel Fliegen, wie man sagt, und in der Nacht sind alle Katzen grau.

Auf Frauen üben dominante, coole Typen die stärkste Anziehungskraft aus. Leider sind solche Männer in der Regel für die Ehe und als Väter völlig unbrauchbar. Das ist deshalb so, weil diese Männer einerseits den Umstand ihrer Attraktivität zu nutzen wissen und andererseits den Umschnall-Dildo grundsätzlich verweigern. Demnach kommen in sexueller Hinsicht und auch für die Ehe am ehesten nur solche Männer infrage, die zumindest, wenn sie schon nicht allen Anfordernissen wirklich entsprechen, über ausreichend Geld und Prestige verfügen. Denn wenn die Ehe in die Jahre kommt, lässt sich fast jedes Manko kompensieren, wenn die Frau nur weiß, dass ihr Mann in der Öffentlichkeit etwas darstellt und sie von den anderen Frauen darum beneidet wird. Deshalb ist das Hauptproblem bei Beziehungen in der Regel zu wenig Geld. Mehr Geld hingegen kann in jeder Beziehung nahezu jedes Problem überdecken, weil jeder im Notfall auch sein eigenes Leben leben kann und dem anderen nicht mehr begegnen muss.

Auf Männer üben schwer zu erobernde und besonders gefragte Frauen die stärkste Anziehungskraft aus. Männer konzentrieren ihre Gedanken also vor allem auf jene Frauen, die auch andere Männer, und auch Frauen, erregen. Die große Kunst besteht jetzt darin, solche Frauen zu beeindrucken, zumindest so, dass sie sich zum Sexualverkehr bewegen lassen, doch hinreichend dezent, um nicht wegen sexueller Belästigung ungut aufzufallen. Dass es hier auf ausreichend Übung ankommt, versteht sich von selbst. Wem diese Kunst nicht im Blut liegt oder wer nicht wirklich viel Geld hat oder über genügend Prestige verfügt, muss dazu auf Psychotechniken ausweichen, die man heute in Online-Kursen lernen kann. Was letztlich zählt, ist der Erfolg. Denn je mehr Frauen man erobert, desto höher darf man seinen eigenen Wert einschätzen. Leider eignen sich diese Frauen nicht als Ehefrauen oder Mütter, da sie sich von anderen ebenso rasch erobern lassen, weshalb sie sozusagen als alte Jungfern enden.

Sollte eine Frau ein Kind, das ihr passiert ist, aus einer Laune heraus vielleicht doch nicht abtreiben lassen, und kann der Erzeuger zu einer Ehe überredet werden, so ist das Unglück vorprogrammiert. Denn das Verliebtsein hält in der Regel nicht lange an. Sollte das Kind, das ja wie ein Kranker gepflegt werden muss und nur herumschreit, den euphorischen Zustand nicht ohnehin bereits durch die Ernüchterung ersetzt haben, so nimmt die Verliebtheit ganz natürlich mit den Jahren ab. Dies lässt sich aber kompensieren, indem zumindest das Geld im selben Ausmaß zunimmt, wie die Anziehungskraft schwindet. Das ist immens wichtig. Denn ohne keines von beiden, ohne Verliebtheit *und* ohne mehr Geld, also ganz ohne sexuelle Attraktivität, ist eine Ehe kaum auszuhalten. Eine Ehe engt ohnehin schon ziemlich ein. Ein Leben lang muss man, zumindest offiziell, auf alle möglichen und unmöglichen Abenteuer verzichten, was mäßig lustig ist. Zum Glück kann man sich, wenn etwas Besseres nachkommt, heute hinreichend leicht scheiden lassen, vor allem, wenn man genügend Geld hat oder auch das Mitleid der Behörden erregt. Wenn es so weit ist – und heute ist es bald so weit –, gilt es bloß zu beachten, dass man im Zuge der Prozesse, bei denen die jeweiligen Ansprüche gerichtlich gegeneinander abgewogen werden, möglichst viel für sich selbst herausholt. Immerhin hat man ja auch viel in die Ehe investiert. Wer hier Hemmnisse an den Tag legt, wird garantiert übervorteilt.

Wer nach der Scheidung dann als Elternteil endet, kann sich damit trösten, dass Kinder auch recht unterhaltsam sein können. Besonders wenn sie noch ungeschickt durch die Gegend wackeln, immer wieder hinfallen und ihnen beim Essen der Brei aus der Nase läuft, ist das ein drolliger Anblick, der einem am Abend die schlechte Laune zu vertreiben hilft, die man sich tagsüber am Arbeitsplatz notwendig zugezogen hat. Gerade in dieser Hinsicht sind Kinder das Beste für die Disziplin. Sie helfen mit, das vertrottelte Leben, das man führt, weiterzuleben, ob man nun will oder nicht. Denn Kinder halten einen bis ins hohe Alter finanziell derart auf Trab, dass man es nun endgültig vergessen kann, aus seinem Hamsterrad auszubrechen, außer man wirft alles hin und ergreift die Flucht, wofür die meisten aber zu feige sind oder schlichtweg zu wenig Geld haben. Demnach bleibt jeder an seinem Platz und fügt sich in sein Schicksal.

Aber auch Hoffnung tut sich auf. Denn der Besitz von Kindern bietet Elternteilen jeglichen Geschlechts die Möglichkeit, ihren verschütteten Ehrgeiz, zumindest irgendetwas im Leben richtig zu tun, wieder gehörig anzustacheln und letztlich doch noch zu befriedigen. Erreichbar wird dieses hohe Ziel, indem man schon möglichst früh damit beginnt, sich mit den Leistungen seiner Kinder voll und ganz zu identifizieren. Egal ob im schulischen oder sportlichen Bereich, wo es Noten zu erringen gilt und Pokale zu gewinnen gibt, egal ob bei der Schönheit der Mädchen, der Stärke der Buben, der teuersten Kleidung, den besten Schulaccessoires, dem modernsten Spielzeug, dem luxuriösesten Haustier – überall ist es möglich, sich über die Kinder gut mit anderen Elternteilen zu messen. Für viele ist es geradezu ein Sport, auf ihre Kinder gesunden Druck auszuüben. Dahinter steckt die Hoffnung, dass aus ihnen etwas wird, wie man sagt, dass sie all das realisieren können, was man für sich selbst längst abgeschrieben hat. Durch das eigene Kind kann man so gleichsam ein zweites, simuliertes Leben führen, das für das versäumte eine Entschädigung bietet, freilich nur dann, wenn man auch taktisch vorgeht und dabei letztlich erfolgreich ist. Günstiger für diese Zwecke ist es zwar, ein PC-Spiel mit Reality-Charakter zu erwerben, wo man fast ohne laufende Fixkosten gleich eine ganze Stadt aufbauen oder womöglich die ganze Welt gestalten kann. Aber wenn Kinder schon einmal passiert sind, spricht zumindest für sie, dass sie eindeutig realer sind. Leider funktionieren sie in der Realität daher auch meist nicht optimal.

Wenn das Kind nicht perfekt ist, liegt das ausschließlich am eigenen Versagen. Deshalb macht Erziehung auch so viel Stress. Umso besser, dass man diese lästige Verpflichtung heute großteils kostenlosen Erziehungsanstalten überlassen kann, wo sich Beamte um diese Dinge kümmern. Überhaupt sind Kinder ziemlich teuer. Sie erfordern immens viel Konsum, weil auch alle anderen Kinder von ihren Eltern immens viel Konsum fordern. Aber da kann man eben nichts machen und schließlich will man ja auch vor den anderen Eltern nicht schlecht dastehen. Zum Glück wird diese Kostenlawine heute dadurch abgefedert, dass man mit mehr Kindern auch mehr Ansprüche auf mehr Geld gewinnt. Manche sind ja gegen solche Prämien zur Familienförderung. Dabei weiß jeder, dass sich ohne mehr Geld so gut wie alle Familien innerhalb kürzester Zeit auflösen würden. Mehr Geld für Familien hat auch zur Folge, dass man als Elternteil sein Geld nicht mehr wie früher sparen muss, sondern im Alter sorglos verkonsumieren kann. Das erspart einem auch die vielen Skrupel, die man hätte, wenn man sein Geld vererben müsste, da doch heute jeder weiß, wie ungerecht das für alle anderen ist. Es reicht also, abzuwarten, bis die Kinder alt genug sind, um ein eigenes Konto zu eröffnen. Sobald die Kinder ihre Ansprüche selbst abschöpfen können, hat man selbst keine finanziellen Verpflichtungen mehr.

Als Jugendlicher ist es die erste Aufgabe, möglichst rasch den eigenen Eltern den Rücken zu kehren, denn schließlich sind diese daran schuld, dass man auf dieser beschissenen Welt ist. Es war zwar noch nie und nirgends besser, aber trotzdem ist es beschissen. Diese Einstellung ist ein ganz normaler und wichtiger Teil der Jugendkultur, die man zu akzeptieren hat und die gefördert werden muss. Jugendliche, die eine andere Einstellung haben, sind Streber oder Spießer, so wie generell alle Eltern, die per definitionem von gestern sind. Eltern haben außerdem den Nachteil, irgendwann wirklich alt zu werden und dann womöglich Geld und Zeit zu kosten und noch mehr zu nerven. Zum Glück gibt es Anstalten, die sich um solche Problemfälle kümmern. Alle, die das beklagen, sind unrealistische Reaktionäre, vermutlich Faschisten.

Politik

Wo wären wir denn heute ohne die Segnungen der Politik: zweifellos im größten Elend. Wir würden immer noch in armseligen Hütten leben, ungewaschen, krank und ohne Alphabet. Wir würden immer noch Hirsebrei mit dem Holzlöffel essen, uns in die Hand schneuzen und uns um jede Speckschwarte prügeln, die uns jemand vor die Nase hält. Ohne Politik wären wir rechtlos, dumm und ohne Sitten, wie die Tiere, ständig in Gefahr, in einem permanenten Kriegszustand. Niemand hätte sich je aus eigener Kraft aus diesem Zustand befreien können.

In jeder Hinsicht haben uns die Politiker unter die Arme gegriffen. Zuerst haben sie uns Seife gegeben, damit wir uns waschen können. Dann haben sie die Autos erfunden, die wir ebenso waschen können. Dann kam die Rettung, für die Unfälle, die Fritteuse, für die Pommes, das Mobiltelefon, zum Plaudern, und das Internet, für die Porno-Filme. Hilfreich, wie Politiker sind, haben sie uns die ärgsten Feinde vom Leib gehalten, haben mächtige Armeen aufgebaut und so ständig Kriege verhindert. Später dann haben sie uns das öffentliche Recht gegeben, damit wir uns auf Kosten anderer, die wir nicht kennen, Vorteile verschaffen können. Niemand kann es bezweifeln: Erst Politik hat uns zu dem gemacht, was wir bis heute sind. Und für das, was aus uns geworden ist, müssen wir dankbar sein.

Damit es so weitergeht, müssen wir alle paar Jahre wählen gehen. Viel ist dabei nicht zu tun: Am Wahltag stellen wir uns ernst und schweigend in Einserreihen an, meist im Erdgeschoß einer Volksschule oder eines Seniorenheims. Wenn wir dran sind, zeigen wir den Ausweis her und bekommen einen bedruckten Papierzettel nebst Kuvert in die Hand. Damit gehen wir in eine

Pappendeckelzelle, die auf Blechstehern steht, und die den Rest des Jahres im Keller verstaubt. Sie hat einen verwinkelten Eingang, sodass niemand hineinsehen kann. Drinnen ist ein Holzbrett. Dort legen wir den Zettel hin. Und dort geben wir auch unsere Stimme ab.

Niemand ist wirklich überrascht von dem, was auf dem Zettel steht. Jeder kennt sie, die Namen der politischen Parteien. Jeder hat die Gesichter schon auf den Wahlplakaten gesehen, kennt ihre Stimmen aus dem Radio. Es sind ganz normale Leute, die niemandem etwas tun. Von diesen Leuten darf man ein paar wählen. Am besten ist, man lässt diese Gesichter jetzt noch einmal Revue passieren – und dann kreuzt man jene an, die einem sympathisch sind. Man braucht ja keine Angst zu haben. Niemand kann wissen, wie man sich entschieden hat. Notfalls macht man auch gar kein Kreuz. Doch die meisten geben vorsichtshalber ihre Stimme ab, falten den Zettel, stecken ihn ins Kuvert und werfen alles in den Schlitz. Dann setzen sie sich vor den Fernseher und warten, bis ihnen gesagt wird, wer gewonnen hat.

Im Grunde ist das eine ganz unspektakuläre Sache. Aber enorm wichtig ist sie trotzdem. Denn wir wollen ja, dass die Gesichter etwas für uns tun. Wer gibt uns Arbeit und Urlaubsgeld? Wer schickt uns in den Krankenstand und bezahlt die Arztrechnungen? Wer schickt unsere Kinder in den Kindergarten, in die Schule und auf die Universität? Wer gibt uns Geld, wenn wir einmal Pech haben sollten und keines mehr haben? Wer kümmert sich um uns, wenn wir alt und gebrechlich geworden sind? Das alles würde niemand für uns tun, weil wir es ja ebenso für niemanden mehr tun würden. Deshalb brauchen wir die Gesichter. Denn einzig die Gesichter können es noch erzwingen, dass es auch tatsächlich geschieht.

Die Gesichter brauchen uns aber ebenso. Denn wenn wir ihnen zu verstehen geben, dass wir sie nicht mehr wollen, werden sie ausgetauscht. Deshalb gehen wir ja auch zur Wahl, damit gewisse Gesichter bleiben können und andere ausgetauscht werden. Und deshalb stellen die Gesichter auch ständig Nachforschungen darüber an, was wir uns wünschen. Wenn sie es dann wissen, sagen sie es laut in der Öffentlichkeit, sodass wir es hören können. Und wenn wir es oft genug gehört haben, dann wählen wir die Gesichter auch. Im Grunde kann hier nichts passieren. Denn wir wählen die Gesichter ja in der Hoffnung, dass sie das, was sie gerade sagen, auch weiterhin sagen werden, damit das, was wir wollen, auch in Wirklichkeit geschieht, und zwar so lange, bis es so weit ist. Da heute jeder eine Stimme hat, kann es in der Tat bald so weit sein.

Denn was wir wollen, lässt sich einfach beschreiben: Wir wollen alles und immer mehr davon. Das ist keineswegs abwegig, denn die Welt ist voll von guten Dingen. Deshalb kommt es bloß auf die gerechte Verteilung an. Noch haben die Gesichter es nicht geschafft, diese Verteilung auch tatsächlich vorzunehmen. Immer noch gibt es Leute, die mehr haben als wir. Das müssen die Gesichter erst in den Griff bekommen. Deshalb wählen wir sie auch. Wir wählen sie, weil wir uns auf Kosten anderer, die wir nicht kennen, Vorteile verschaffen wollen. Deshalb wenden wir uns an die Politik. Und das ist auch der Grund dafür, dass es die Politik überhaupt gibt.

In der Demokratie spielt die Meinung eine ganz entscheidende Rolle. Darum sollte man auch darauf achten, dass sich jeder zu seinen demokratischen Meinungen bekennt. Freilich, bevor jemand zu einer unangebrachten Meinung kommt, ist es immer noch besser, er hat gar keine Meinung. Deshalb ist auch der Zweifel in der Demokratie so wichtig. Der Zweifel dient dazu, Fehlmeinende zu verunsichern und ihnen Dogmatismus vorzuwerfen. Wer an einer Meinung festhält, die verdächtig kompliziert oder beunruhigend erscheint, ist demnach ein Spielverderber, und hochnäsig obendrein, weil er nämlich so tut, als hätte seine Meinung mehr Bedeutung als alle anderen. Ein echter Demokrat hingegen weiß, dass alle Meinungen gleichwertig sind. Daher fällt es ihm nicht schwer, eine Meinung für ihr Gegenteil einzutauschen, wenn sich die öffentliche Stimmung zu einer Frage ändert.

Einfachen Demokraten macht es Freude, immer all jene Meinungen, die besonders viel Anerkennung genießen, anzunehmen und zu verabsolutieren. Widersprüche sind dabei unwichtig; wesentlich ist es, sich in Rage zu reden. Das wirkt überzeugend und bringt in eigenen Kreisen viel Beachtung ein. Dass man nicht zu den fortschrittlicheren Kreisen gehört, kompensiert man am besten mit einer tiefen Verachtung für die Gebildeten. Wichtig dabei ist die Einsicht, dass man auf der Ebene der einfachen Menschen niemals etwas bewegen wird. Gleich wichtig ist die Hoffnung, dass die ohnmächtige Wut, in die man sich steigern kann, sehr wohl ihren Weg in demokratische Kanäle findet. Besonders wirksam sind Meinungen, die bestimmten Bevölkerungsgruppen Neid oder Verachtung entgegenbringen. Solche Meinungen lassen sich demokratisch bestens verwerten und haben daher die größte Chance, berücksichtigt zu werden. So ist eine nationale und zunehmend internationale Abstimmung der Wut möglich.

Für diese Freiheit, ein Kreuz auf ein Blatt Papier zu malen, haben Millionen, wenn nicht Milliarden Menschen ihr Leben hingegeben. Wer seine Stimme nicht abgibt, sondern behält, spuckt diesen Märtyrern ins Grab. Das Malen des Kreuzes sollte ein andächtiger, geradezu religiöser Akt sein. Denn dadurch gelingt das Wunder, dass sich nämlich die Gesichter in die höchsten Repräsentanten der heiligen Demokratie verwandeln. Dadurch werden sie ermächtigt, alle Ressourcen zu bündeln, um dem Volkswillen Genüge zu tun. Da jeder wählen darf, entspricht das Wahlergebnis auch in der Tat dem echten Volkswillen und ist über jeden Zweifel erhaben. Es sei denn, es kommt zu Ergebnissen, die undemokratisch sind, weil die Wähler nicht hinreichend informiert wurden. Deshalb dürfen auch keine Kosten und Mühen gescheut werden, um die Bildung und Information der Wähler zu verbessern.

Natürlich ist kein Kandidat perfekt. Deshalb wird man immer ein kleineres Übel wählen müssen. Doch ist es allemal besser, ein

Übel zu wählen, das klein erscheint, wenn die anderen Kandidaten und Parteien noch viel übler sind. Wer gar nicht wählt, dokumentiert bloß, mit jedem Ergebnis einverstanden zu sein. Wer weiß wählt, stellt einen ebensolchen Blankoscheck aus und darf sich nachher nicht beklagen. Jede Stimme zählt, auch wenn sie in Millionen anderen untertaucht und im Ergebnis vollkommen unsichtbar ist. Am wichtigsten ist es ohnehin, die Stimme überhaupt abgegeben zu haben. Für wen, ist nebensächlich, solange es eine allgemein anerkannte Partei ist. Dieser politische Akt legitimiert nämlich unabhängig vom Ergebnis die bestehende Ordnung, sodass dann im Nachhinein niemand mehr die demokratisch legitimierten Politiker in ihrer Rolle kritisieren kann. Schließlich haben wir ja die Freiheit, beim nächsten Mal ein anderes Übel zu wählen.

Als Einzelner kann man hier kaum etwas bewegen. Deshalb ist es opportun, sich möglichst eins zu wissen mit dem Volk, das diese großen Freiheiten besitzt. Mit einer unangebrachten Meinung allein dazustehen, ist so ziemlich das Schlimmste, geradezu undemokratisch, zum Glück aber auch völlig aussichtslos. Um irgendetwas zu verändern, muss man sich entweder dem jeweils vorherrschenden Volksgeist oder einem großen politischen Lager anschließen. Die wichtigste Entscheidung dazu ist, ob man Mitte-links oder Mitte-rechts steht, wobei man aus taktischen Gründen stets nur von Mitte sprechen sollte. Mitte-links und Mitte-rechts haben ohnehin ziemlich deckungsgleiche Positionen, unterscheiden sich allerdings darin, wem sie ihre Verachtung angedeihen lassen: den Linken oder den Rechten. Mitte-links weiß, dass alle, die nicht zum eigenen Lager gehören, Rechte, also moderate Nazis sind. Nur die Jungen fühlen sich dabei mehr links als Mitte, was sich mit den Jahren aber legt. Mitte-rechts weiß, dass alle, die nicht zum eigenen Lager gehören, ihnen die Macht streitig machen und alle Übel darauf zurückzuführen sind, dass die falsche Mitte das Sagen hatte.

Wer krampfhaft originell sein will, kann sich auch einer der Kleinparteien zurechnen. Demokratiepolitisch ist es aber geboten, auch immer wieder taktisch für die Großparteien zu stimmen, weil sonst das andere Übel an die Macht kommen könnte. Wichtig ist, sich stets zu fragen, welches Lager am ehesten den eigenen Interessen dient. Typischerweise lassen sich diese Interessen recht einfach in Geld ausdrücken, sodass die Wahlentscheidung zu einem simplen Kalkül wird. Wer verspricht mehr Geld für die eigene Klientel? Dies wird heute dadurch erschwert, dass eigentlich alle Parteien für jeden Bereich mehr Geld versprechen. Hier liegt es am Wähler, die größeren und überzeugter vorgetragenen Versprechungen zu erkennen. Am einfachsten ist es, sich nach der jeweiligen Interessengruppe zu richten, die gerne im Zweifelsfall mit Wahlempfehlungen aushilft.

In der Regel unterscheiden sich Mitte-links und Mitte-rechts beim Geldverteilen dadurch, dass Erstere das Geldverteilen etwas offener versprechen und Letztere dabei etwas subtiler vorgehen. Die Begünstigten des ersteren Lagers sehen ihre Bezüge daher eher als eigene „Ansprüche", die Begünstigten des anderen Lagers eher als eigene „Leistungen". So klar ist dieser Unterschied freilich nur in der Rhetorik. In der Praxis ist er viel geringer. Als Parteigänger gehört es jedoch zur Bürgerpflicht, diese geringen Unterschiede möglichst aufzublasen und rhetorische Glaubenskriege um Details zu führen. Solche dramatisierten „Debatten" haben auch die günstige Nebenwirkung, den Eindruck besonders großer politischer Vielfalt zu erwecken.

Wer davon noch nicht überfordert ist, alle paar Jahre die eigene Stimme an das kleinere Übel abzugeben, kann sich auch selbst engagieren. Das einfachste Engagement besteht darin, die jeweilige Parteimeinung des selbst gewählten Übels frei selbst in sich zu bilden. Wer so zu einer eigenen Meinung gekommen ist, sollte möglichst standhaft an ihr festhalten, zumindest solange sich die Parteilinie nicht ändert. Besonders Engagierte testen dann auch ihre Bekanntschaften auf die richtige Meinung ab und nötigen diejenigen, die keine Meinung haben, dazu, sich dieselbe Meinung zu bilden. Bei jenen, die eine andere Meinung haben, ist es ratsam, sie davon zu überzeugen, dass es ohnehin egal ist und auf genau dasselbe hinausläuft. Wer jedoch eine Meinung an den Tag legt, die sich partout nicht zur eigenen Parteimeinung verbiegen lässt, und so kindisch ist, sie besonders wichtig zu nehmen, dessen Bekanntschaft ist strategisch ohnehin wertlos, weil er einfach dem falschen Lager angehört.

Wer noch immer Energien hat, der kann sich bei einer Partei engagieren. Parteien suchen stets Leute, die Plakate aufkleben und Broschüren verteilen, denn das kann jeder. So bleibt mehr Geld, um die Experten zu bezahlen: Werbefachleute, Spindoktoren, Medientrainer. Damit den engagierten Wasserträgern nicht langweilig wird, gibt es für sie umfangreiche Beschäftigungsprogramme, die darin bestehen, dass sie ihre Parteimeinungen in Komitees diskutieren dürfen. Nach einigen Jahren bekommt man Visitenkarten und darf sich auch etwas wichtig fühlen. Dort lässt sich auch in geschütztem Rahmen der Stammtisch simulieren, der einem ja schon fehlt, nachdem man sich aus dem angestammten Milieu hochengagiert hat. Alkohol, wütende Reden, Wichtigtuerei bis spät in die Nacht findet man auch hier, doch ohne die Schattenseiten wirklicher Stammtische: etwa echte Freundschaften, bei denen sich andere von einem auch Uneigennütziges erwarten können. Stattdessen erhält man eine riesige Zahl von Parteifreunden, die einem ein familiäres Zugehörigkeitsgefühl vermitteln, solange man sich nur engagiert und selbst keine Ambitionen zeigt. Da man zunehmend lernt, dass alle außerhalb der Partei Unmenschen oder Idioten sind, ist dieses Gemeinschaftsgefühl umso wertvoller.

Leider sind die Strukturen der Parteien aus historischen Gründen zum Teil noch lokal verankert. Das ist oft unangenehm, weil man dadurch mit relativ normalen Menschen zu tun hat, die sich viel zu wenig den wirklich wichtigen, globalen Problemen widmen. Darum ist es eine mögliche Alternative, sich bei NGOs zu engagieren. Das sind in der Regel staatlich subventionierte, bestimmten Parteien nahestehende, vollkommen unabhängige Vereine. Dort kann man, wenn das Engagement vom Geld der Eltern unterstützt wird, Abenteuerurlaub in der Dritten Welt machen und in der Folge Bewusstsein für die globale Dimension der Weltprobleme verbreiten. Da man im Zuge dieser Tätigkeiten aber rasch bemerkt, allen Beteuerungen gegenüber den Eltern und der Öffentlichkeit zum Trotz, dass man selbst so gut wie nichts ausrichten kann, geht es in der Folge primär darum, mehr Geld für das ausgewählte Weltproblem zu fordern. Weil es unendlich viele Weltprobleme gibt, ist die Auswahl sehr bunt und für jeden Geschmack etwas dabei. Wenn einem ein Weltproblem nach ein paar Monaten keinen Spaß mehr macht, kann man leicht auf ein anderes wechseln. Die Auseinandersetzung mit globalen Problemen hat auch die sehr angenehme Wirkung, sich von eigenen Problemen gut ablenken zu können.

Besonders leicht ist das Engagement in großen NGOs. Dort reicht es oft, wie in Parteien an Sitzungen teilzunehmen, um sich gegenseitig darüber in Rage zu reden, wie arg die Weltprobleme sind, oder allenfalls Plakate zu malen und Broschüren zu verteilen. Ähnlich wie in Parteien, übernehmen auch in solchen Organisationen bald Profis das Ruder, die glauben, es besser zu können. Für Junge ist das wenig attraktiv, denn wo Alte das Sagen haben, kann man sich nicht so gut selbst verwirklichen und an großen Endlösungen arbeiten. Doch die Parteien erkennen mittlerweile schon, dass Jugend zu den wichtigsten Talenten gehört, wenn es an allen anderen fehlt. So kommt es immer häufiger vor, dass auch Junge Posten bekommen, die sich auf Visitenkarten wirklich gut machen. Da man an seinen Parteifreunden sieht, dass es nicht unbedingt für jemanden spricht, lange bei der Partei gewesen zu sein, gilt das Augenmerk heute jungen Quereinsteigern, die schon anderswo keine Erfahrungen gesammelt haben, nicht nur in der Partei. So können auch solche Leute, die sich ursprünglich in NGOs engagiert haben, zu politischen Pfründen gelangen. Weil man heute von einem Tag auf den anderen ohne eigene Leistung zum Medienstar werden kann, stehen die Karten für besonders typische Jugendliche recht gut, auch politische Karriere zu machen. Wichtig ist dabei, wie man über die Medien rüberkommt. Schauspielerfahrung wäre nicht schlecht, aber es reicht auch, einfach ein schräger Typ zu sein, der gerade zufällig in ein Sendeformat passt.

Kritik an der Politik ist vollkommen statthaft, solange sie möglichst pauschal erfolgt. Die Politiker für alle Übel verantwortlich zu machen, ist eine gute Voraussetzung, sie hinreichend ernst zu nehmen. Dies sichert ihre Legitimität. Denn wenn alles an den Politikern liegt, kann man sich eine Welt *ohne sie* gar nicht mehr vorstellen. Gefährlich hingegen ist jede grundsätzliche Kritik. Jeder hat in der Schule gelernt, dass die Alternative zur Demokratie, also unserem heutigen System, die Diktatur ist. In Diktaturen werden Millionen Menschen umgebracht, daher grenzt eine Kritik am heutigen System an Massenmord. Alternativen gibt es keine, darum müssen wir die Dinge so akzeptieren, wie sie uns dargestellt werden. Was wir nicht akzeptieren müssen, sind nur jene Dinge, die wir selbst nicht verändern können. Über die dürfen wir so wütend sein, wie wir wollen. Das lenkt uns davon ab, auf dumme Ideen zu kommen.

Zwischenspiel

Für uns (die Autoren) stellt sich die Frage, ob uns jetzt noch jemand abnehmen wird, dass wir an das Gute glauben und die Menschen lieben, so wie wir es zu Beginn behauptet haben – wenn uns überhaupt noch jemand zuhört. Daher an alle, die ihr durchgehalten und ertragen habt, was jenseits der Schmerzgrenze war: Wir lieben und wir danken euch!

Zugegeben: Wir lieben euch nicht alle. Es gibt Widerlinge. Doch die meisten, die allermeisten Menschen, die uns bislang untergekommen sind, hätten wir lieben können, wenn wir sie näher kennengelernt hätten. Fast jeder war es wert, geschätzt und respektiert zu werden. Warum das so ist? Weil der Mensch ebcn *nicht* des Menschen Wolf ist. Wer das glaubt, ist ein Angsthase, der von seiner Mutter zu wenig geliebt wurde. Jeder von uns wendet sich allen anderen unentwegt vertrauensvoll zu. So war es von Anfang an – und so wird es immer sein. Wenn es einmal nicht so ist, dann ist die Angst der Grund dafür. Die Angst ist das Grundübel. Sie macht uns zum Wolf, zum Trottel und zum Wurm.

Angst kann man auch ablegen. Praktisch ist das gar nicht leicht – aber was bleibt euch anderes übrig? Ihr könnt nicht einfach durchtauchen und glauben, dass ihr ungeschoren davonkommt. Wollt ihr das Leben weiterleben, das ihr lebt? Nehmt euch bei der Nase und beantwortet euch diese Frage selbst, und zwar ehrlich und reinen Gewissens: Was ist mit dem Hamsterrad, in dem ihr sitzt? Mögt ihr euer Rad? Nein! Das könnt ihr gar nicht mögen! Also läuft hier offensichtlich etwas falsch. Und nun kommt die Preisfrage: Wer ist daran schuld? Wenn ihr jetzt noch zugeben könnt, dass ihr selber daran schuld seid, dann seid ihr tatsächlich liebenswert. Denn das bedeutet, dass ihr gar nicht so vertrottelt seid, wie ihr eigentlich tut. Und wir wollen euch ja nicht beschimpfen. Das alles ist eine subtile Pädagogik. Wir sind ebenso vertrottelt, ziemlich sogar, glaubt uns das.

Der Grund, warum wir dieses Buch überhaupt schreiben konnten, liegt darin, dass wir bereits vor geraumen Zeiten aus unserem Hamsterrad ausgebrochen sind. Wir sind euch also ein wenig voraus. Mit zwei Zehen und einem Finger hängen auch wir noch fest, und das tut manchmal ziemlich weh. Erstaunlich aber ist, dass wir jetzt schon einen groben Überblick über die Welt der Hamster und der Hamsterräder bekommen haben. Hamster sind ganz besonders liebe Tiere. Sie wollen nichts anderes als keine Angst haben, ein gemütliches, kuscheliges Haus, ordentlich zu fressen, sodass auch was zum Hamstern bleibt, und so wie alle Tiere, ihre Freiheit. Ihr könnt euch gar nicht vorstellen, wie Hamster unter ihren Hamsterrädern eigentlich leiden. Wenn ihr das wüsstet, würdet ihr alle Hamster, die euch unterkommen, sofort freilassen.

Ist Freiheit wirklich so wichtig? Wo es der Hamster in seinem Käfig doch so gut hat? Und an das blöde Hamsterrad wird sich der Kleine doch gewöhnen, oder? Kann er das? Nein, das kann er nicht! Daran gewöhnt man sich nicht. Besonders, wenn man ein Mensch ist. Und ja, die Freiheit ist in der Tat sehr wichtig. Sie ist der Grund, warum die Angst überhaupt Fuß fassen kann. Die Angst ist das Tor, das ein jeder durchschreiten muss, wenn er seinen Garten finden will.

Furor

Es ging uns doch noch nie so gut! – Wenn wir diesen letzten, schwachen Trost einmal verlieren, werden wir in der Tat wütend. Und das ist gut so. Denn anders können wir die Angst vor der Veränderung nicht ablegen. Der Glaube, dass sich alle Probleme durch mehr Geld lösen lassen, sowie die Hoffnung, dass sich diese Strategie für alle Zeiten so fortsetzen lässt und uns die materiellen Tröstungen für unsere seelischen Wunden niemals ausgehen – dieser Glaube ist nicht nur falsch, er wird in der Praxis täglich schwächer.

Die Wut darüber trifft zunächst einmal die Überbringer der Nachricht. Doch damit muss der Philosoph leben. Er darf keine Angst haben. Seine Aufgabe besteht darin, den Menschen ihre Angst zu nehmen. Ein Trost ist demnach schön und gut. Doch ein falscher Trost, der nicht nur nichts nutzt, sondern Schaden anrichtet, ist ein Übel. In diesem Fall muss der Philosoph notwendig enttäuschen. Im gleichen Atemzug hat er den Menschen wiederum Trost zuzusprechen. Es muss jedoch ein wahrhafter Trost sein, keine neue Illusion.

Wir könnten nun lange darüber dozieren, warum unsere Zeit auch materiell nicht halten kann, was sie verspricht. Wir könnten in allen verblüffenden Details die Finanzsysteme der Gegenwart als riesige Pyramidenspiele beschreiben. In der Folge würden wir die moderne Geldvermehrung als billigen Trick enttarnen, der dem getäuschten Publikum noch teuer zu stehen kommen wird. Sodann würden sich all die Statistiken der willigen „Experten" als Lug und Trug erweisen. Unser materieller Wohlstand würde sich bei dieser Betrachtung in erschreckendem Maße in Luft auflösen, denn der allergrößte Teil unserer Vermögenswerte basiert darauf, dass wir jenen immer noch vertrauen, die unser Vertrauen längst verloren haben. Allzu lange müsste unsere ökonomische Beweisführung nicht sein, um dieses falsche Vertrauen zu enttäuschen. Doch ist sie uns an dieser Stelle zu banal. Dazu haben wir andere Bücher geschrieben.

Der Streit darum, wie hoch unser materieller Wohlstand tatsächlich ist und wie nachhaltig er bestehen kann, tut hier nicht viel zur Sache. Wer an materielle Versprechungen seine Hoffnungen verschwendet, geht wohl blind durch diese Welt – blind aus Angst, den letzten, doch letztlich falschen Trost zu verlieren. In Wirtschaftskrisen steigt die Selbstmordrate nicht etwa deshalb, weil den Menschen ihr Geld abhandenkommt. Was die Menschen wirklich trifft und ins Wanken bringt, ist der Verlust ihrer oberflächlichen Tröstungen, ihrer Ersatzbefriedigungen und Ersatzmotive. Die existenzielle Leere, die sie bislang in die tiefsten Schichten ihres Unterbewusstseins verbannen konnten, tritt nun mit voller Wucht zutage. *Es ging uns doch noch nie so gut!* – schreien sie wütend, dann schluchzen sie, bis sie ratlos verstummen.

Wer erkennt, dass er bislang ein Systemtrottel war, der nützliche Idiot falscher Versprechen und perfider Profiteure, *muss* Wut empfinden. Wut ist ein Lebenszeichen; der Ausdruck eines Gewissens, das Ungerechtigkeiten gegenüber nicht gleichgültig ist. Und in der Tat ist das, was man heute „Gerechtigkeit" nennt, eine teuer erkaufte Täuschung. Sie lebt von der Verdrängung von Konflikten, in denen sich Einzelinteressen als Gemeinwohl tarnen. Unser Schweigen und unsere Zustimmung sind erkauft. Ein jeder hofft, selbst Nutznießer dieser Ungerechtigkeiten zu sein. Der Staat, so erkannte einst ein französischer Ökonom, ist die große Fiktion, durch die jeder versucht, auf Kosten aller anderen zu leben. Wir sehen uns heute nicht mehr als Träger des Gemeinwesens, sondern als dessen Profiteure. Ein jeder verlangt, was ihm „zusteht", fordert „sein Recht", wie ein Aasgeier an einer geraubten Beute.

Gerechtigkeit ist eine Tugend, kein Zustand. Tugend lässt sich nicht erkaufen und durch Institutionen produzieren. Außerdem können nur freie Menschen tugendhaft und gerecht handeln. Gerechtigkeit ist eine Orientierung für unser Handeln, keine Ausrede für unsere Wünsche. Gerecht zu sein bedeutet, jedem das Seine zuzugestehen – *suum cuique*, wie die alten Römer sagten. Gerecht zu sein bedeutet, unseren Mitmenschen gerecht zu werden.

In zweierlei Hinsicht versagen unsere Systeme, von denen wir Gerechtigkeit als ein bequemes konsumierbares Produkt erwarten: *Zum einen* geht uns das, was das Unsrige ist, das Eigene, zusehends verloren. Unsere Welt wird uns immer fremder. Sie scheint gänzlich ohne uns auszukommen. Wir werden behandelt wie ersetzbare Rädchen in einer Maschine, Nummern in einer Statistik. Diese Entfremdung, die schon seit geraumer Zeit im Gange ist und die zu allen modernen Ideologien geführt hat, beginnt stets damit, dass wir uns selbst fremd werden. Der Psychologe Viktor Frankl bemerkte dazu: Wenn uns weder eine lebendige Tradition noch ein waches Gewissen helfen, das uns Eigene zu erkennen, bleiben nur Konformismus und Totalitarismus übrig: Dann tun wir, was alle anderen tun, oder folgen blind verheerenden Illusionen. Dabei werden wir unseren Mitmenschen alles andere als gerecht: Sie bleiben uns fremd; wir kennen sie kaum. Unsere Aufmerksamkeit schenken wir oft den Falschen, erliegen Verführern und ignorieren jene, die uns brauchen oder die für uns von Bedeutung sind. Wir sind dann nur noch in der Lage, Menschen wie Konsumgüter und Vermögenswerte zu taxieren.

Zum anderen klammern wir uns an die letzte verbliebene Vorstellung von Gerechtigkeit: an das Geldverteilen. Die Profiteure dieser Verteilungen nennen sie noch frech „soziale Gerechtigkeit". Tatsächlich tritt sie an die Stelle sozialer Beziehungen. Anstatt unseren Mitmenschen selbst gerecht zu werden, delegieren wir Gerechtigkeit und Solidarität an eine anonyme Maschinerie. Recht nannte man einst den Rahmen, in dem sich Menschen und Staaten zu bewegen hatten, um Konflikte zu vermeiden. Heutige Gesetze sind Ermächtigungen bestimmter Menschengruppen, die sich in beliebiger Menge produzieren lassen und Konflikte eigentlich erst erzeugen, weil sie die einen gegenüber den anderen begünstigen. Demokratie nannte man einst die Selbstregierung der Bürger. Heutige Politik ist den Menschen völlig fremd. Menschen sind dazu angehalten, ihre Stimme abzugeben – und zwar gänzlich.

Doch wir wollen nicht wütend sein: Wir wollen weder eine frühere Zeit wiedererstehen lassen – das wäre der „rechte" Irrweg –, noch erstreben wir eine Utopie – das wäre der „linke" Irrweg. Die einzig konstruktive Reaktion auf eine *Krise* ist die *Kritik* – in beiden Begriffen steckt das griechische Wort für *scheiden.* An Scheidewegen muss man Sackgassen vom rechten Pfad unterscheiden können. Diesen lebensnotwendigen Orientierungssinn zu bieten, ist die Aufgabe der praktischen Philosophie. Sie sagt uns nicht, welchen konkreten Pfad jeder von uns wählen muss. Das Entscheiden hat sie den Menschen zu überlassen, um sie nicht des wunderbaren Abenteuers zu berauben, das ein bewusst gelebtes Leben darstellt. Die praktische Philosophie kann bloß Mut zu diesem Abenteuer machen, indem sie Wege beschreibt, die ein Mensch tatsächlich gehen kann, weil sie seinem Wesen gerecht werden.

Eigentlich ist demnach nicht der Wutbürger, sondern der *Mutbürger* vonnöten. Ein Leben außerhalb des „Systems", außerhalb des verrosteten Getriebes menschlicher Hybris, erfordert zunächst unglaublich viel Mut. Das unterscheidet auch den falschen Trost vom wahren, bitteren. Der falsche, bequeme Trost spielt die Probleme herunter und erzählt Märchen: *Es ist alles nicht so schlimm; es geht uns doch so gut; sie werden es schon richten.* Der Philosoph hingegen sagt: *Es ist alles noch viel schlimmer.*

Im Folgenden wollen wir weder ein Märchen erzählen, noch eine zynische Diagnose abgeben, sondern eine reale *Abenteuer-*

geschichte beschreiben. Sie ist insofern real, als sie der Realität des Menschen und der Welt zugemessen ist. Sie ist insofern eine Geschichte, als sie für die allermeisten noch keine Realität hat, sondern ein Ideal beschreibt, einen möglichen (aber nicht den einzig möglichen) Weg. Sie ist hinreichend abstrakt, um der konkreten Realität genügend Platz zu lassen. Wäre unsere Geschichte konkreter, beschriebe sie eine fiktive Realität – eben ein Märchen. Unsere Geschichte ist die Erzählung vom Garten, den es zu bestellen gilt.

Der Garten

Ein Garten – so sagt uns die Herkunft dieses Wortes – ist ein Ort, der eingefriedet ist, und zwar mit *Gerten*, die vielleicht vom Haselnussstrauch oder vom Weidenbaum geschnitten wurden und die man, solange sie noch biegsam waren, zu einem Zaun verflochten hat. Er ist ein abgegrenztes, fruchtbares Stück Land, das einen Eingang hat. Der Sinn der Begrenzung ist, ein Maß zu finden, aber auch ein Zeichen zu setzen, dass sich hier jemand niedergelassen hat und man anklopfen und grüßen muss, wenn man die Schwelle übertreten will. Das ist der Sinn der Umfriedung: dass durch das Abstecken eines Bereiches Klarheit entsteht und Unfrieden das ist, was diesen Frieden stört. Der Zweck des Gartens ist, etwas Bestimmtes mit der Erde anzustellen. Nicht, dass die Erde nicht auch mit sich selbst etwas anstellen könnte. Doch dort im Garten wird sie gelockert, von Unkraut, Wurzeln und Steinen befreit, zerkrümelt, glattgestrichen und bewässert, und alles in der Hoffnung, dass sich auf diese Weise etwas Wertvolles entwickelt, das gut und nützlich für uns ist.

Erdboden und menschliche Seele, lehrt Sokrates, sind miteinander verwandt, und zwar insofern, als beide lebendige Substanzen sind, die sich zu einer Kultivierung eignen und so für die Sorge eines Gärtners empfänglich sind. Ja, die menschliche Seele ist selbst eine Art Erdreich, in das der Lehrer wie der Gärtner seine wertvollsten Samen sät. Und so verwundert es nicht, dass Philosophen von Anbeginn im Garten ihre Heimat suchten. Platons Akademie lag beim heiligen Hain des Heros Akademos, den schon Kimon künstlich bewässern, bepflanzen und mit schattigen Wegen versehen ließ. Die Schule des Aristoteles lag im Hain des Heros Lykeios. Bekannt waren auch die Gärten seines Freundes Theophrast, dessen philosophische Spaziergänge sprichwörtlich wurden. Und auch Epikur, der letzte der griechischen Philosophen, der zu einer Zeit lebte, in der sich die griechische Welt zu verfinstern begann, erwarb ein Gartengrundstück unmittelbar vor dem Dipylon-Tor, an der Straße, die auch zur Akademie Platons führte. Seine Schule, der *Kepos* („Garten“), die sich in seinem Privatbesitz befand und die auch einen Küchengarten beherbergte, den seine Schüler liebevoll pflegten und dessen Gemüse und Obst sie aßen, bot angesichts des drohenden Infernos einen ganz hervorragenden Ort, um über die wichtigen Dinge des Lebens nachzudenken und gleichzeitig ein gutes Leben zu führen. Epikurs *Kepos* wurde zu einer der wirkmächtigsten und lebensbejahendsten Schulen der antiken Welt.

Wenn Voltaire, 2000 Jahre später und angewidert von den Mächtigen seiner Zeit, seinen *Candide* sagen lässt, dass wir unseren Garten zu bestellen hätten – *Il faut cultiver notre jardin* –, so meinte freilich auch er nicht nur die Erde, die es zu beackern gilt. Im gleichen Atemzug meinte er auch die Werkstatt des Tischlers, die Nähstube der Schneiderin, die Küche der Kuchenbäckerin, die Bibliothek des Gelehrten, die Apotheke der Ärztin und all die anderen gar nicht zähl- und abschätzbaren Möglichkeiten, ein sinnvolles, nützliches und damit gutes und richtiges Leben zu führen. Voltaire wusste vom Geheimnis des Gartens als dem Königsweg zu einem selbstbestimmten Leben. Und er stellte es an das Ende einer aberwitzigen Irrfahrt durch all die Verblendungen, die unser Leben damals schon zu bieten hatte. Voltaires *jardin* wollte das Gegengewicht und die Entschädigung, das Gegenkonzept und das Gegengift sein für all die vielen Dummheiten, Schmerzen und Übel, die *Candide* und seine Freunde (nicht ganz unverschuldet) zu erdulden hatten. Erleichtert wurde ihre Entscheidung, ihr Leben zu verändern, durch die Einsicht, dass sich dieses ewige Schwanzwedeln um die Mächtigen, um ein paar Krümel zu bekommen, niemals lohnt. Im Hintergrund, von der Menge begafft, packt man die Köpfe der amtierenden Politiker in

Stroh, verlädt sie auf Schiffe und sieht neue Politiker kommen, von deren Köpfen abzusehen ist, was ihnen droht. Doch das hat für *Candide* und seine Freunde keine Bedeutung mehr. In solche Dinge mischen sie sich nicht mehr ein. Sie haben Besseres zu tun.

Das Abstecken des Gartens

Der Gärtner ist das Gegenbild zum Systemtrottel. Den Systemtrottel nennen wir so, weil er im Hamsterrad trottet – und dieses Hamsterrad hat System. Er ist ein Trottel, weil er nicht den Mut hat, seinen Verstand einzusetzen und innezuhalten. Er hat Angst davor, aus dem Laufrad zu fallen und dann ganz allein dazustehen. Diese Angst vor der Freiheit, seinen eigenen Weg zu gehen, ist Angst vor Verantwortung. Doch die Bequemlichkeit, der Verantwortung auszuweichen und sie zu delegieren, hat einen hohen Preis: eben die Freiheit. In der Kindesentwicklung geht die Fähigkeit zu Verantwortung mit der Wahrnehmung der Freiheit einher: Das Kind lernt Nein zu sagen und steckt den Bereich seiner eigenen Persönlichkeit ab. Die bequeme, doch sehr unangenehme Angst vor der Freiheit ist ein infantiler Zug. Solche Erwachsenen sind kindisch, jedoch ohne jene positive Kindlichkeit, die wir an wirklichen Kindern so schätzen. Das Austreten aus dem kindischen Trott ist zugleich ein Wiedererringen von Kindlichkeit. Dazu müssen wir uns Spielraum abstecken: Bereiche, in denen wir uns unsere Welt wieder spielerisch aneignen können. Dieses Abstecken unseres Gartens besteht zunächst aus einem lauten Nein! Es klingt wütend, ist aber im Grunde ein positiver, lebensbejahender Akt. Die wenigsten werden genügend Mut aufbringen, mit einem großen Satz aus ihrem Hamsterrad zu springen. Einfacher ist es, zunächst immer leiser zu treten, den Lauf zu entschleunigen, öfter innezuhalten. Wir wollten das moderne Hamsterrad des Systemtrottels beschreiben, nicht analysieren. Die Vorbedingung, etwas zu verstehen, ist, es überhaupt zu erkennen. Wir wollen uns nicht auf den unfruchtbaren Streit über Schuldfragen, historische Entwicklungen und aktuelle Details einlassen. Daher umreißen wir das Räderwerk des Systems auch nur ganz grob.

Ein System unterscheidet sich von einer Ordnung dadurch, dass es menschengemacht ist. Stets ist es Ausdruck von Hybris. So nannten die alten Griechen den Hang des Menschen zur Selbstüberschätzung. Hybris meint den menschlichen Machbarkeitswahn, die Unfähigkeit zur Selbstbeschränkung, die stets Fremdbeschränkung nach sich zieht. Hybris ist die Auflehnung gegen die Ordnung der Welt und des Menschen, mit dem Ziel, eine perfekte Ordnung zu planen – die in der Regel im geplanten Chaos endet. Die Griechen warnten, dass Hybris den Zorn der Götter hervorruft: die Nemesis. Wir können dies heute etwas profaner deuten: Das Zerstören von Ordnung, die wir selbst nicht hervorbringen können, ist selten folgenlos.

Die meisten Systeme werden zunächst im Namen der Freiheit errichtet, enttarnen sich aber rasch als monströse Gefängnisse. Wir haben daher als Alternative keinen Gegenentwurf, kein besseres System anzubieten, sondern bloß die Besinnung auf einige wichtige Grundtatsachen der menschlichen Existenz. Systeme sind niemals von Dauer, früher oder später folgt auf den Hochmut der Hybris stets der Fall. Systeme enthalten immer große Versprechungen. Die gegenwärtig größte Versprechung ist die falsche Hoffnung, die Welt zu verbessern, ohne den Menschen zu verbessern. Hölderlin warnte: „Immerhin hat das den Staat zur Hölle gemacht, dass ihn der Mensch zu seinem Himmel machen wollte. Die raue Hülse um den Kern des Lebens und nichts weiter ist der Staat. Er ist die Mauer um den Garten menschlicher Früchte und Blumen. Aber was hilft die Mauer um den Garten, wenn der Boden dürre liegt?"

Die schwierige Aufgabe ist es, den Versprechungen die Gefolgschaft aufzukündigen und alle Erwartungen aufzugeben, ohne die Hoffnung zu verlieren. Den Garten abzustecken, in dem wir Hoffnung ohne Illusion kultivieren können, bedeutet also zunächst, schrittweise aus den Systemen unserer Zeit zu treten. Damit ist nicht die vollständige Autarkie und Einsiedelei gemeint. Ein System wird für uns dann zum Hamsterrad, wenn es uns einen Weg vorgibt, auf dem wir stets durch Verlockungen, Stöße und Drohungen in allzu engen Bahnen gehalten werden, die letztlich Irrwege sind. In einem System sind wir bloße Rädchen im Getriebe, sodass uns die wesentlichen Entscheidungen von außen vorgegeben sind. Meist folgen diese Entscheidungen nicht einmal den Wünschen irgendwelcher realer Personen, sondern allein der Systemlogik. Der Angestellte in einem großen Betrieb, der Lehrer und der Schüler im Bildungssystem, der Politiker, der Konsument massenproduzierter Güter und Medien, der Journalist und Wissenschaftler – die allermeisten Existenzformen unserer Zeit folgen „Sachzwängen". Ihr Spielraum ist erschütternd gering. Immer mehr Menschen sind direkt von falschen Systementscheidungen betroffen, während ihnen selbst immer weniger zu entscheiden bleibt.

Das Abstecken des Gartens ist zunächst der Versuch, sich diesen Sachzwängen zu entziehen. Der Weg dazu ist der bewusste Abbau von Abhängigkeiten. Gemeint sind freilich die Abhängigkeiten von Systemen, nicht die Abhängigkeit von unseren Mitmenschen. Der Mensch ist von Natur aus ein abhängiges Wesen – ein soziales Wesen. Das ist gut so und eine schöne Sache. Diese gegenseitigen Abhängigkeiten stiften Liebe und Freundschaft. Die Abhängigkeit vom System hingegen bringt Angst, Misstrauen und Konflikte hervor.

Auch nach innen ist der Garten abzustecken, als eine Übung der Besinnung und positiven Selbstbeschränkung. Wir sind nicht für alle Welt verantwortlich, müssen und dürfen uns nicht ständig den Kopf über fremde Gärten zerbrechen. Das würde uns zerbrechen. Die Unfähigkeit zur Selbstbeschränkung macht uns unduldsam und verzweifelt. Der panische Blick auf die Welt außerhalb unseres Gartens, der uns diesen vergessen lässt, liefert uns den

Systemen aus. Denn echte Menschen können nur in Märchen die ganze Welt auf einen Schlag retten und heilen. Jede reale Heilung braucht Geduld. Panische Interventionen machen alles nur noch schlimmer.

Das Beet des Geldes

Geld ist nicht nur der letzte Trost unserer Tage, sondern auch das Lebensblut der meisten Systeme. Durch seinen anonymen Charakter eignet es sich vorzüglich als Befehlsträger, Machtmittel und Ersatzbefriedigung. Doch Geld ist an sich auch eine ganz wunderbare Sache. Als allgemein akzeptiertes Tauschmittel erleichtert es den Austausch zwischen Menschen ganz beträchtlich und stiftet somit Gesellschaft. Gutes Geld ist zudem ein Speicher für menschliche Energie, der uns hilft, im Laufe unseres Lebens und im Austausch mit anderen Menschen besser mit unserer Schaffenskraft hauszuhalten.

Das Geld unserer Tage freilich ist so krank wie unsere Gesellschaft. Es ist vergiftet durch die falsche Medizin ökonomischer und politischer Quacksalber, die unter falschen Versprechungen in menschliche Ordnungen eingreifen. Im letzten Jahrhundert sind wir am Versprechen des billigen Geldes trunken geworden, wie die Russen am Wodka, den ihnen die Machthaber verabreichten, um sie gefügig zu halten. Es ist kein Wunder, dass wir im Umgang mit Geld so neurotisch wurden; doch auch diese Neurose ist letztlich selbst gewählt. Das rechte Maß im Umgang mit Geld können wir wiedergewinnen, indem wir es als Werkzeug für unseren Garten betrachten.

Auch die größten Einsiedler, weitgehend autarke Mönche in einem abgeschiedenen Kloster, wollen nicht auf Geld verzichten. Dazu haben sie guten Grund: Der vollkommene Verzicht auf Geld wäre eine stellenweise große Verschwendung unseres Potenzials, unserer Zeit und Kraft. Als begrenztes Lebensexperiment mag es sehr lehrreich sein, zu versuchen, ohne Geld zu überleben. Doch bald merken wir, dass wir die Zeit, die wir auf der frustrierenden Suche nach willigen Partnern für den Sachtausch und mit dem Stopfen der Lücken unserer Autarkie zubringen, anders viel sinnvoller einsetzen könnten.

Geld ist ein zweifaches Werkzeug. Als Tauschmittel schließt es unseren Garten an die Gärten unserer Mitmenschen an. Dieser Anschluss sollte keine dauerhafte Öffnung sein, die unseren Garten in einem gigantischen Park aufgehen lässt, der dann zentral geplant wird und trostlose Straßen durch unsere Beete laufen lässt. Geld ist eine Pforte zu den Werken unserer Mitmenschen, die wir selbst gewählt öffnen und schließen können. Als Konsumenten sind wir souverän. Dieser großen Macht sind sich die wenigsten bewusst. Sie lassen sich leichtfertig durch die Pforte des Geldes aus ihren Gärten treiben. Der selbstbestimmte Gärtner sieht und schätzt sein Geld als Saat, die in fremden Gärten aufgehen kann und großartige Früchte einbringt.

Jeder Akt des Geldausgebens ist ein Lohn für fremde Bemühungen und kann das nähren, was uns wertvoll ist. Das Geld gilt Werte unserer Mitmenschen ab und ermuntert sie dabei: Siehe, was du tust, ist auch für mich wertvoll! Es ist paradox, dass der Konsumwahn unserer Tage mit einer Mentalität des unersättlichen Nehmens einhergeht. Geld ist deshalb ein so großartiges Werkzeug, weil wir es geben können, ohne den Empfänger gut zu kennen und seine aktuellen Bedürfnisse und Wünsche zu erahnen. Wer Geld als potenzielle Gabe sieht, geht beim Ausgeben viel bewusster damit um. Sprachlich kommt unser Wort Geld von der Opfergabe. Geld als gut eingesetztes Tauschmittel ist ein Ausdruck des Dankes und ein Nähren des uns Wertvollen, gar Heiligen. Es ist letztlich unsere Nachfrage, die die Dinge hervorbringt, die wir um uns sehen (auch wenn heute ein großer Teil durch politische Mittel finanziert wird). Wenn wir unser Geld in fremden Gärten säen, sollten wir uns stets fragen, ob wir auch wünschen, was diese Saat hervorbringen wird. Wer

Schlechtes nachfragt und damit säen hilft, wird auch Schlechtes ernten.

Die zweite Funktion des Werkzeuges Geld ist die Aufbewahrung von Werten. Geld ist ein unentbehrliches Hilfsmittel, wenn es darum geht, die Früchte unserer derzeitigen Bemühungen auch über die Zeit hinweg zu verteilen. Geld erlaubt es, unsere Werke Stück für Stück zusammenzufügen und die Hilfe und Werke anderer Menschen dabei einzubauen. Wenn unser Garten heute fruchtbar ist, sollten wir ihn demnach dankbar dafür nutzen, für schwierigere Zeiten vorzusorgen. Wenn wir nur von der Hand in den Mund lebten, würden wir einen Teil unseres Potenzials verschwenden. Gute Werkzeuge benötigen Investitionen; Investitionen setzen ein Ansparen voraus. Gutes Geld ist das einfachste Mittel, Ersparnisse aufzubauen.

Leider erfüllt unser heutiges Geld beide der genannten Funktionen nur ungenügend. Schon lange ist es kein gutes Wertaufbewahrungsmittel mehr. Die wenigsten wissen, wie rasant ihre Ersparnisse an Wert verlieren; die meisten jedoch ahnen es. Die schleichende Geldentwertung, die jederzeit zu einer rasenden werden kann, ist auch ein wesentlicher Grund, warum sich unser Wirtschaftsleben so gehetzt anfühlt. Wir sind im ständigen Wettlauf gegen den Wertverfall unserer Anstrengungen. Diese Geldentwertung fragen wir freilich laufend selbst nach – indirekt und unbewusst. Sie ist die notwendige Folge des verzweifelten Versuches, unsere Lebenslügen mit der Realität zu versöhnen. Das funktioniert auf Dauer nur durch Bestechung und Täuschung.

Durch Probleme wie diese werden schon die einfachsten Lebensentscheidungen zu einer Wissenschaft. Wir haben das Vertrauen verloren, wissen aber noch nicht, wem wir nun unser Vertrauen schenken sollen. Ersparnisse aufzubauen, ist heute eine wirkliche Herausforderung. Letztlich geht es darum, Werte hervorzubringen und zu ertauschen, die für uns und unsere Mitmenschen nachhaltig wertvoll sind. Gewissheiten gibt es hierzu keine. Bestimmte Güter jedoch haben sich in der Geschichte als besonders geeignet erwiesen. In der Regel sind dies Güter, bei denen beide Geldfunktionen in besonderem Maße vereint sind: Güter, die einerseits gut aufzubewahren, zu transportieren, zu teilen und zu beurteilen sind, und andererseits eine hohe Eignung für eine Vielzahl menschlicher Zwecke haben – oder sich für besonders hoch bewertete Zwecke eignen.

Die konkrete Entscheidung muss dabei dem einzelnen Lebensgärtner überlassen bleiben: Es gibt nicht die einzig richtige Saat, die mit absoluter Sicherheit die einzig wahre Frucht hervorbringt. Im Garten ist für das Geld ein kleiner Platz reserviert; es ist ein Beet von vielen, das mal gedeiht und mal darbt. Täglich an das Geld zu denken und angsterfüllt über die Gartenmauer zu starren, um ja nichts zu verpassen, ist neurotisch. Für einige wenige mag es ihre Berufung sein, der Spekulation ein größeres Beet zu widmen: Also dem entscheidungsfreudigen, wagemutigen Einsatz von Geld, um die Ungewissheit der Zukunft zu bewirtschaften. Das ist an sich nichts Schlechtes (und wird erst durch die Erkrankung unseres Geldes und Finanzsystems zu einem Fieberwahn), doch für die allermeisten ist es nicht ratsam. Ein wenig spekulieren müssen wir alle. Doch wegen der getätigten Veranlagungen stets auf Märkte schielen zu müssen, nimmt den meisten ihre Muße, sodass andere Beete verkommen, was man durch kein Geld mehr aufwiegen kann.

Eigene Ersparnisse sollte man generell nicht Märkten, Systemen oder Institutionen anvertrauen, die man nicht versteht. Sonst erntet man bloß Angst – und genau diese sollten uns die Ersparnisse doch nehmen helfen. Ersparnisse können aus eigenen Vorräten bestehen – Güter, die für den zukünftigen eigenen oder fremden Bedarf aufbewahrt werden können. Einen Teil unserer Ersparnisse können wir investieren: zur Verbesserung unseres eigenen Gartens oder zur Teilhabe an fremden Gärten. Dabei ist es ein Denkfehler, dass Investitionen stets in anonyme Aktiengesellschaften fließen müssen. Vielleicht vermögen unser Geld und unsere Güter bei einem Nachbarn, in einem persönlichen

Garten eines Mitmenschen, viel Wertvolleres hervorzubringen. Diese Werte müssen keine Geldscheinrenditen sein.

Bewusster Konsum, bewusstes Sparen, bewusstes Investieren sind faszinierende Abenteuer. Sie laden uns ein, unsere Welt und unsere Mitmenschen zu verstehen und zu würdigen. Recht angelegte Beete, die wir auch mit Geld bestellen (wichtiger aber noch: mit Muße, Ideen und Empathie), können besonders freudvolle Ernte bringen. Denn gutes und richtig eingesetztes Geld ermöglicht die wundersame Wandlung von Gütern und Bemühungen. Mittels Geld können wir in unseren Beeten die gesamte Vielfalt und den Einfallsreichtum der Welt sprießen lassen. Jeder bewusste Kauf, der das belohnt und nährt, was uns Freude bereitet und wertvoll erscheint, ist ein Saatkorn für eine bessere Welt. Natürlich gilt dies auch für jedes Geschenk und jede Spende; doch der Tausch mit Menschen ist nicht weniger edel und bedeutsam.

Bewusstes Sparen ist der Aufbau und Erhalt von Werten. Das Wort *sparen* bedeutet *heil und gesund erhalten*. Bewusstes Investieren ist das Formen von Beeten aus Muße, Mühe, Wissen und deren Speicherform: Geld. Das Wort *investieren* bedeutet *einkleiden*. Eine Investition ist der Versuch, aus den vielen losen Stücken menschlicher Schaffenskraft ein zusammenhängendes Kleid zu schneidern, das nachhaltig zu kleiden, zu wärmen und zu schmücken vermag. Konsum bedeutet *aufbrauchen* und ist somit das logische Ende und damit auch der Zweck des Schaffens. Bewusster Konsum ist ein Ausdruck der Lebensfreude, ein Feiern des gegenwärtigen Augenblicks unserer irdischen Existenz. Bewusster Konsum heiligt die Frucht und damit das Beet und den Garten.

Zwei Kräfte treiben jenes Hamsterrad des Geldes, das uns so neurotisch macht: Die eine ist eher selbst gewählt, die andere eher auferlegt. Beiden kann man entkommen – freilich nicht ohne Preis. Die Verlockung des Kredits verleitet zur Verpfändung unserer Zukunft zugunsten gegenwärtigen Konsums. Ein solcher kreditfinanzierter Konsum ist keine Feier, sondern ein freudloses

„Event", von dem nur der Kater bleibt. Alte Zinskritiker argumentierten, Zeit dürfe man nicht verkaufen, denn sie gehöre Gott allein. Der wahre Kern dieser Warnung erinnert uns daran, dass uns auch unsere eigene Zukunft noch nicht gehört, wir noch nicht über sie verfügen dürfen. Wir können und sollen für sie planen und vorsorgen. Doch wir dürfen sie nicht als Pfand verwenden, denn sie ist ungewiss. Wer seine Zukunft überschreibt, legt sich auf Gewissheiten fest und nimmt sich damit einen Teil seiner Freiheit. Das ist ein faustisches Geschäft, das den hohen Preis der Angst hat. Wer Schulden hat, ist abhängig und wird zum Knecht im eigenen Garten. Schnell schwindet die Freude am Gärtnern, wenn man rastlos einer bereits verkauften Zukunft hinterherhechelt. Viele alte Märchen warnen vor solchen Geschäften. Rapunzels Mutter gab gar ihr zukünftiges Kind für den Salat aus einem fremden Garten, weil ihre Geduld für eigenes Gärtnern nicht reichte.

Wer nun Armut als Einwand anführt, hat das Bild des Gartens nicht verstanden. Selbst wenn wir kein Land zu bestellen haben, über kaum etwas Materielles verfügen, haben wir noch immer so vieles zu hegen und zu bearbeiten. Zweifellos gibt es himmelschreiende Ungerechtigkeiten: Menschen, die ohne Verdienst reich wurden, lassen ihre Gärten verkommen; und die würdigsten Gärtner haben oft die kleinsten Beete. Ungerecht ist jedoch niemals ein Ergebnis, denn das liegt nicht gänzlich in unserer Hand; ungerecht kann nur eine Tat sein. Nicht der Reichtum an sich ist ungerecht, sondern die Tat, die jemandem mehr oder weniger zumisst, als ihm zusteht. Wenn solche Ungerechtigkeit zum Himmel schreit, können wir das Schreien sein lassen und unseren Blick wieder auf unseren Garten richten. Je weniger wir haben, desto bedeutsamer ist das rechte Hegen und Bestellen unserer mageren Gärten. Es ist sinnlos, unser Los zu beklagen. Erweisen wir uns des wenigen würdig, über das wir verfügen, so können wir hoffen, dass es mehr wird, oder erkennen, wie unermesslich viel das wenige schon war. Wer seinen kleinen Garten aus Trotz,

Neid und Hass verkommen lässt, verliert auch das wenige – denn so wird es entwertet und gering geschätzt.

Die zweite Kraft, die unser Hamsterrad antreibt, ist die Steuerlast. Dank geschickter Konstruktionen erkennen die wenigsten das wahre Ausmaß, denn der überwiegende Teil wird uns hinterrücks genommen. Seit dem Absolutismus wissen Finanzbeamte und Politiker: Die Kunst der Staatsfinanz besteht darin, die Gans so zu rupfen, dass sie am wenigsten kreischt. Die Steuerlast wurde uns wie die Kreditausweitung unter bequemen Versprechungen verkauft, insbesondere im Namen der Gerechtigkeit. Das Märchen macht uns glauben, unsere Steuerzahlungen dienten vornehmlich dazu, den Ärmsten in der Not zu helfen. Tatsächlich ist der Prozentsatz für diesen Zweck verschwindend gering, vielmehr noch wird durch diese Verteilungsmaschinerie Not erzeugt und gefördert. Steuern nähren vor allem das System und halten die systemischen Ungerechtigkeiten unserer Zeit am Leben. Darum ist es eigentlich unmoralisch, Steuern zu zahlen; denn wir finanzieren so etwas, das wir weder verstehen noch kontrollieren können. Der Arbeiter bezahlt das Penthouse des privilegierten Bankers, der Vegetarier bezahlt das subventionierte Schlachthaus, der Pazifist bezahlt die Bomben, der Naturfreund bezahlt die Zubetonierung seiner Umwelt.

Ursprünglich bedeutete das Wort *Steuer* so viel wie *Unterstützung*. Dabei handelte es sich um fallweise Beiträge für ein konkretes Gemeinwesen, an dem man persönlich teilhat. Die heutigen Steuerzahlungen sind ein Vorwand, keinen eigenen Beitrag mehr zu unserem Gemeinwesen zu leisten, sodass es verkommt und oft kaum noch existent ist. Sie sind auch eine Ausrede, unseren Mitmenschen nicht mehr zu helfen, denn „wir zahlen ohnehin Steuern".

Wie kann man den Tributzahlungen an das System entkommen? Es gibt nur *einen* legalen Weg: durch Minderung des eigenen Einkommens. Wer Geld lediglich als Werkzeug und nicht als Selbstzweck ansieht, hat auch dazu die Freiheit. Natürlich ist auch die materielle Verarmung kein Selbstzweck. Doch wenn wir betrachten, wie groß die eigentliche Armut vieler vermögender Menschen ist, weil sie ihren eigenen Garten dafür aufgegeben haben, und wie reich das Leben eines an Geld armen Menschen sein kann, der bewusst zu leben versteht, fällt die Entscheidung leichter. Einen freudlosen Job anzunehmen, weil man mehr Geld verdient, von dem ohnehin der größte Teil im System versickert, ist der dümmste aller möglichen Gründe.

Materielle Armut hat den Charakter einer Lebensübung. Darum suchen viele religiöse Menschen aus aller Welt die Askese. Diese ist ein Weg, eine Übung, kein Lebenszweck für sich. Ein erfülltes Leben vermag sich durchaus am Materiellen zu erfreuen. Die selbst gewählte Beschränkung ist allerdings die beste Übung, um das Materielle wirklich wertzuschätzen: Der zwecklose Überfluss, von dem man selbst kaum etwas hat, führt zur Entwertung des Materiellen, sodass man die Dosis laufend erhöhen muss und in angsterfüllte Abhängigkeit gerät.

Der gute Gärtner wirtschaftet hauptsächlich mit Eigenem und auf eigene Rechnung, hat kaum Schulden und subventioniert so wenig wie möglich Dinge, die ihn befremden und von anderen Menschen entfremden. Er lebt hinreichend genügsam und hat ausreichend Ersparnisse, um vor der Ungewissheit der Zukunft nicht in Angst zu leben. Geld ist eines seiner Werkzeuge. Nicht mehr und nicht weniger. Es erlaubt ihm, vom Schaffen außerhalb seines Gartens Nutzen zu ziehen und seine Werke mehr Mitmenschen anzubieten. Es erlaubt ihm außerdem mehr Muße und weniger Angst, durch besseres Haushalten mit der eigenen Schaffenskraft und den Bedingungen der Zeit.

Das Beet der Berufung

Der Beruf der meisten Menschen besteht heute darin, als Rädchen des Systems an „Arbeitsplätzen“ zugewiesene Tätigkeiten auszuführen, deren Nutzen und Sinn sie nicht erfassen können. Darum flüchten sie sich in die „Freizeit“, in der dann womöglich sogar das Gärtnern Platz findet. Doch das ist mit dem Bild des Gartens nicht gemeint. Vielmehr steht er sinnbildlich für eine eigenständige Lebensgrundlage, in der Werk und Freude zusammenfallen. Wer einer selbstständigen Berufung folgt, ist immer frei in seiner Zeit und doch stets zum Schaffen aufgelegt. Das Wort *Urlaub* kommt von der Erlaubnis, die ein Untertan bei seinem Herrn einholen muss, um sich vom Acker entfernen zu dürfen. Ein Lebensgärtner urlaubt andauernd, doch sieht er womöglich gar keinen Anlass mehr, im Massentourismus oder in der Massenunterhaltung sein Erholungsprogramm abzuspulen.

Da dies alles viel zu gut klingen mag, ist eine wichtige Klarstellung vonnöten: Materiell betrachtet, ist das Leben einer Berufung viel härter und kärger als ein lieblos verrichteter Job. Die meisten sind ganz zufrieden mit ihren vermeintlich sicheren Gehältern. Unternehmertum erscheint ihnen als Zeitvertreib der Reichen oder als jämmerliche Existenz der Joblosen. Die Mehrheit lebt heute direkt von staatlicher Umverteilung. Dies ist eine bequeme Position, im Gegensatz zum täglichen Bangen, ob die eigenen Werke noch für die Mitmenschen von Wert und von Bedeutung sind. Doch der Preis ist hoch: Sinnleere und eine weit diffusere Angst. Zudem sind die wenigsten Arbeitsplätze wirklich nachhaltig: Sie hängen an der Illusion der billigen Geldvermehrung. Allzu lange wird es nicht mehr möglich sein, ohne nützliche Fertigkeiten und echten Einsatz als bloßes Systemrädchen ein so hohes Bruttoeinkommen zu erzielen, dass selbst netto eine hinreichend hohe Kaufkraft übrig bleibt, um über die Zweifel hinwegzutrösten. Die Ent-Täuschung ist nicht aufzuhalten, und das Erwachen am Arbeitsmarkt wird wohl die bitterste Enttäuschung sein.

Da auch die unselbstständigen, sinnleeren Arbeitsplätze nicht mehr sicher sind, könnte man es doch gleich freischaffend versuchen. Kein Versprechen vom mühelosen Wohlstand steht hinter dieser Empfehlung, ganz im Gegenteil: Der Weg zur eigenständigen Lebensgrundlage erfordert ungeheuer viel Mut, Frustrationstoleranz, Fleiß und Genügsamkeit. Die höhere Identifikation mit der eigenen Tätigkeit lohnt es meistens – aber nicht immer. Niemand garantiert uns, dass unsere Mitmenschen das für hinreichend wertvoll erachten werden, was wir ihnen anzubieten haben, um auch nur unsere Kosten zu decken. Es ist ein Irrtum, dass die Selbstständigkeit mit der Erledigung aller dazu nötigen Amtswege, der Anmietung eines Büros und dem Druck von Visitenkarten beginnt. Wer tatsächlich einer Berufung folgt, tut, was er tut, als Selbstzweck, das heißt *für sich*. Der harte Weg zur Berufung ist stets der Ausbau einer Liebhaberei, sodass sie immer mehr Menschen von immer größerem Nutzen sein kann.

Einen wichtigen Mutmacher gibt es für diesen Weg: Es sind gar nicht so viele Menschen nötig, damit deren zusammengenommene Zahlungsbereitschaft für eine Lebensgrundlage reicht. Wer bloß zehn Kunden findet, denen die eigene Leistung jeden Monat ein Zehntel ihrer nötigen Mindestausgaben wert ist, hat schon die Lebenskosten gedeckt. Auf diesem niedrigen Niveau schlägt auch die Steuerlast noch nicht voll zu. Wer freilich schon fiktive zukünftige Gehälter in der Gegenwart für Haus, Auto und Urlaub verpfändet hat, dem ist dieser Weg verbaut. Als Selbstständiger, der einer Berufung folgt, auf Anhieb ein Einkommen zu erzielen, das dem eines herkömmlichen „Jobs" entspricht, ist heute fast ausgeschlossen. Nur hinreichende Ersparnisse oder größte Bedürfnislosigkeit können diese Angst nehmen und damit die Schwelle zu einer sinnvollen Existenzform mindern.

Eine Berufung ist die Antwort auf die Frage, wozu wir in der Welt sind. Diese Antwort können nur wir selbst geben. Der Mensch ist ein viel zu wundervolles Wesen mit viel zu großem Potenzial, um als Rädchen in einem Getriebe Erfüllung zu finden. Von seinem ganzen Wesen her strebt der Mensch nach dem eigenen Garten, wo er seine Oase der Freiheit und Verantwortung hegen kann. Glücklich sind jene, die aus ihrem Lebensgarten zugleich die materielle Lebensgrundlage schöpfen. Ihre Existenz ist ungeteilt und „ganz“, sie ist heil. Denn die Aufteilung des Menschen nach unterschiedlichen fremden Zwecken macht Menschen krank: Wir beginnen Parallelleben zu führen, die nicht mehr zusammenpassen. Morgens häuten wir uns, streifen den Familienmenschen ab und ziehen die Arbeitshaut über. Am Feierabend legen wir diese Haut ekelerfüllt und hastig wieder ab, um in die Freizeithaut zu schlüpfen.

Heute ist es eine besonders große Herausforderung, „ganz“ zu bleiben: authentisch und integer. Kaum jemals war aber auch die Sehnsucht nach Authentizität und Integrität höher. Das ist ein weiterer Mutmacher. Unsere Zeit bietet unermessliche Chancen für den mutigen Pionier nachhaltigen Sinns. Die Menschen dürsten nach aufrichtigen Produkten und Dienstleistungen, die für sich selbst sprechen und keine werbetechnische Psychopropaganda benötigen. Unser Problem ist, dass wir verlernt haben, eigenständig Wertvolles hervorzubringen. Darum tut es not, ganz klein im eigenen Garten zu beginnen. Auch wahre Meisterschaft beginnt mit der bescheidenen Übung. Eine wirkliche Berufung bleibt immer eine Übung. Die große Hürde, überhaupt mit dem Üben zu beginnen, lässt sich dadurch nehmen, dass jedem Anfang ein Zauber innewohnt, wie Hermann Hesse sagt. Es gibt kaum ein größeres Abenteuer in unserer Zeit, als die eigene Berufung zu entdecken und langsam und geduldig mit Leben zu füllen. Jene mit den bedeutendsten Berufungen gelten anfangs meist als Spinner. Doch in einer wahnsinnigen Welt braucht es oft die Ver-Rückten, um die Dinge zurechtzurücken.

Welche Berufungen fehlen uns heute? Es sind jene mutigen Pioniere, die so aufrichtig von ihrem Werk überzeugt sind, dass sie auch ohne Subventionen, Beachtung durch die Massenmedien, Kredite und „Beziehungen“ standhaft bleiben. Im Grunde ist in jedem Bereich Platz für berufene Pioniere eines besseren Lebens. Wir haben mehr zu essen, als in unsere Mägen, und mehr anzuziehen, als in unsere Schränke passt. Doch wer vermag uns zu helfen, gut zu essen und uns gut zu kleiden? Wer kann die Schönheit in unsere Welt zurückbringen? Wer kann die Lücken nachhaltig füllen, die die fallenden Systeme hinterlassen? Wer hat den Mut, die Ungewissheit der Zukunft auf seine Schultern zu nehmen? Wer bringt Stück für Stück jene Welt hervor, die wir uns wünschen und nach der wir uns sehnen?

Im eigenen Garten damit zu beginnen, ist der beste Weg, seine Berufung zu finden. Denn in jedem Garten gedeiht ein anderes Pflänzchen besser. Fast überall sind wir – die Autoren dieses Buches eingeschlossen – Trottel, die gar nicht anders können, als hinterherzutrotten. Wir sind keine Übermenschen, sondern Mängelwesen, die einander bedürfen. In den wenigen Lichtblicken aber, wo es uns gelingt, den Systemtrottel abzulegen und ein Stück Schönes, Wahres oder Gutes gedeihen zu lassen, können wir Ahnungen von unserer Berufung erkennen.

Ein finanzieller Erfolg lässt sich dabei nicht anstreben. Wenn alles gut geht, erfolgt er als Verdienst: als Folge davon, unseren Mitmenschen gedient zu haben. Das Urteil über unseren Dienst liegt dabei allein bei unseren Mitmenschen. Klagen wir nicht allzu wütend über deren Kurzsichtigkeit und Knausrigkeit – wir verhalten uns kaum anders. Wer die Dienste seiner Mitmenschen schätzt, wird gerade in der harten Anfangszeit einer sich frisch entfaltenden Berufung großzügig und nachsichtig sein. Unsere Konsumentscheidungen können ein wertvoller Ansporn sein. Überreichlich sind die Massenprodukte, doch knapp die guten und verlässlichen Handwerker, die sich nicht für Hässliches prostituieren. Überreichlich sind die Supermärkte, doch knapp die Händler, die ihre Waren und Kunden kennen. Knapp sind die Dienstleistungen, die unsere Einsamkeit, Überalterung, Sinnleere und Orientierungslosigkeit zu überwinden helfen. Überreichlich sind die Events, knapp die Orte menschlichen Austausches, ungeteilter Freude und wahrhafter Öffentlichkeit.

Dass es den Menschen, insbesondere den Jugendlichen, heute so schwerfällt, herauszufinden, was sie interessiert und ihnen liegt, mag auf mangelndes Interesse an unseren Mitmenschen zurückzuführen sein. Die Innengewandtheit des Narzissten erlaubt es nicht, Möglichkeiten des Dienens zu sehen. Er weiß nur, was er sich wünscht und wie man ihm zu Diensten sein kann. Dieser Typus des ewig Kindischen, der irgendwann die Kindlichkeit verliert und unsympathisch wird, eignet sich nur zum Konsumenten. Sein Trieb zum sinnleeren Konsum und damit sein Bedürfnis nach mehr Geld bestechen ihn dazu, sich in sein Plätzchen im Getriebe zu fügen. Wenn dem System das Geld ausgeht, werden diese Zahnrädchen wütend aus der Maschinerie springen und am Boden herumkullernd darauf warten, in ein neues System mit neuen Versprechungen eingepasst zu werden. Je eher man den Weg zur eigenen Berufung einschlägt, desto einfacher hat man es an diesem Punkt und desto glatter kann der Übergang von den Systemen zu menschlicheren und menschennäheren Alternativen erfolgen.

Die eigene Berufung sollte nach und nach zum größten Beet in unserem Lebensgarten werden – aber niemals zum alleinigen Inhalt. Das eigenständige Schaffen von Werten für andere Menschen ist die ehrlichste Weise, seinen Lebensunterhalt zu verdienen. Wer weniger Unterhalt benötigt, weil er mehr für den Eigengebrauch produzieren kann oder niedrigere Bedürfnisse hat, kann seine Berufung auch in Bereichen entwickeln, die noch keine oder womöglich niemals eine hinreichende Zahlungsbereitschaft unserer Mitmenschen nach sich ziehen.

Das Schaffen von Werten ist auch nur *ein* möglicher Weg zu einer sinnvollen Existenz. Nach dem österreichischen Psychologen Viktor Frankl gibt es hierzu noch zwei weitere: Neben dem Schaffen stiftet auch die Liebe Sinn und kann, etwa im Fall der Liebe zu den eigenen Kindern, zu Gott oder zu Notleidenden, durchaus lebenserfüllend sein. Wenn uns das Schicksal trifft und unser Schaffen verunmöglicht oder die Geliebten nimmt, bleibt als Trost (und Trotz) noch der letzte Weg zum Sinn. Ein Mensch vermag kraft seiner Einstellung jedem Umstand Sinn zu geben, insbesondere auch seinem eigenen Leiden. Dies erklärt, warum Menschen mit tödlichen Erkrankungen oft in der ihnen beschiedenen Zeit so sinnerfüllt und bewusst zu leben vermögen, dass sie uns allen, denen es an nichts fehlt und die wir dennoch so lieblos mit unserem Potenzial, unserer Gesundheit und unserem Leben umgehen, zum Vorbild werden können.

Wem der Mut zu einem eigenen Werk fehlt, der kann letztlich seine Berufung auch darin finden, anderen dabei zu helfen, Großes hervorzubringen. Das ist überhaupt keine mindere Berufung, sondern eine sehr edle. Es handelt sich dabei um die guten Seelen im Hintergrund, ohne die kaum Großes geschaffen werden könnte, denen aber meist die öffentliche Anerkennung versagt bleibt. In dieser Berufung könnte man durchaus auch als Angestellter tätig sein, wenn die groteske Steuerlast, die auf der Arbeit liegt, ehrliche Angestelltenverhältnisse für kleinere Unternehmen nicht zusehends verunmöglichen würde. Nicht jedermann ist zum Unternehmer geeignet; und daran ist nichts Schlechtes. Es sind jedoch viel mehr Menschen zur Selbstständigkeit geeignet, als man glauben würde, zumindest mehr als diejenigen, die es sich durch falsche Erwartungen, Assoziationen und perverse Anreize in der Tat zutrauen. Der Selbstständige im Rahmen seines überschaubaren Gartens ist etwas ganz anderes als der Projektemacher, der mit Subventionen, Krediten, Versprechen und Konstrukten jongliert.

Der traditionelle Weg zu einer selbstständigen Lebensgrundlage ist jener des Lernens bei einem Meister seines Faches. Vieles spricht für diesen Weg, doch er ist nicht der einzig mögliche und denkbare. Wer sich in Schule oder Studium eine Berufsausbildung erwartet, die zu einer Berufung führt, liegt jedenfalls in der Regel falsch. Das gesamte Bildungssystem ist seit seinen Anfängen darauf ausgerichtet, Zahnrädchen für Systeme zu produzieren. Das Leben einer eigenständigen Berufung ist der nachhaltigste Gegenentwurf zum Zahnraddasein.

Wer seine Lebensgrundlage in seinem eigenen Garten findet, darf sich glücklich schätzen, denn ihm bleibt der getriebene Stress einer zerstückelten Existenz – im Gegensatz zur selbst gewählten Anstrengung – erspart. Für die wenigsten wird es sich dabei um das Gärtnern im engen und wortwörtlichen Sinne handeln. Doch jede gute Berufung trägt die Züge des Gärtners – eines spielerischen, übenden Schaffens und Dienens, im Rahmen einer gegebenen Ordnung anstelle eines menschengemachten Systems.

Das Beet der Liebe

Da Liebe einer der Wege zu einer sinnvollen Existenz ist, hat die Familie große Bedeutung. In der Familie leisten und finden wir die bedingungsloseste Form der Liebe; keine Liebe ist wie die Liebe zwischen Eltern und Kindern. Liebe gedeiht in einem Beet unseres Gartens, sie ist keine bloß konsumierbare Frucht. Liebe ist eine dauernde Einstellung, kein bloßer Zustand. Das unterscheidet sie vom bloßen „Verliebtsein", der kurzen hormonellen Euphorie. Wahre Liebe macht, so Viktor Frankl, im Gegensatz zum „Verliebtsein" nicht blind, sondern sehend. Menschen, die wir lieben, sehen wir so, wie sie „gemeint" sind: nach ihrem ganzen Potenzial. Liebe ist daher eng mit persönlichem Wachstum verbunden.

Dabei lassen sich zwei Richtungen dieses Wachstums in der Liebe (gr. *Eros*) unterscheiden: die emporstrebende und die herabsteigende Liebe. Die emporstrebende Liebe entspricht in gewisser Weise einer Sehnsucht, einem Streben nach Höherem, nach Erkenntnis, nach einer Ergriffenheit durch Gutes, Wahres und Schönes. Diese Sehnsucht, gleichsam zu den Sternen zu greifen, zeigt sich auch im erotischen Spiel, das den Künstler in die Arme seiner Muse treibt, die ihn erschöpft und für neues Schaffen erfrischt zugleich. Diese nach oben gerichtete Liebe nimmt, wenn sie etwas übertrieben wird, die Form eines „Anhimmelns" an.

Das Modell für die herabsteigende Liebe ist die Liebe der Eltern zu ihren Kindern. Diese nach unten gerichtete Liebe ist ein „Aufhelfen". Die emporstrebende Liebe ist die Energie, die zur selbsttätigen Vervollkommnung leitet; die herabsteigende Liebe ist die Energie, anderen Menschen dabei zu helfen. Das Dienen im ursprünglichen Sinn ist eine Funktion der herabsteigenden Liebe. Hilfe aus Liebe ist immer Hilfe zur Selbsthilfe, sie möchte zum Gehen ermutigen und aufhelfen, nicht das Gehen abnehmen. Wird sie übertrieben, nimmt sie die Form eines „Bemutterns“ an.

Etwas anderes hingegen ist die gegenseitige, ebenbürtige und freundschaftliche Liebe, welche die Griechen *philia* nannten. Freundschaften beruhen überwiegend auf einem freien Willensakt. Unter anderem deshalb findet sich im Rahmen der philosophischen Tradition fast durchgängig die Meinung, dass es sich bei der Freundschaft wohl um die edelste Form menschlicher Bindung handeln müsse. Zu Freunden wählen wir Fremde, zu denen wir außerordentliches Vertrauen aufbauen können.

Auf der ersten Stufe zum Freund steht der Gast. Daher galt den Griechen und den meisten anderen Völkern die Gastfreundschaft so viel: Sie knüpft Bande des Friedens zwischen Fremden. Auch die Wirtschaft beginnt mit einem Geschenk, das in der ursprünglichen Bedeutung ein Einschenken meint, um den Durst des fremden Wanderers zu stillen. Der gastliche Besucher begründet die Wirtschaft: Wirt bedeutete ursprünglich *Gastgeber* und *Pfleger*. Ist das erste Vertrauen hergestellt, so kann es nun zum fruchtbaren Austausch kommen. Das griechische Wort für Tauschen, *kattallattein*, trägt gleichzeitig die Bedeutung *vom Feind zum Freund machen*.

Höchstes Gebot der Freundschaft ist die Wahrheit; Freunde sind jene Menschen, die einem die Wahrheit sagen dürfen und müssen und dennoch den Respekt wahren können. Freunde können miteinander philosophieren, denn ihr Streit ist respektvoll und fruchtbar. Wahre Freundschaften muss man pflegen, indem man Freunde als besondere Gäste aufnimmt und sich gegenseitig diskrete Räume der Wahrheit bieten.

Nicht nur mit der Wahrheit, auch mit der Freiheit ist die Freundschaft eng verbunden. Das deutsche Wort Freiheit kommt vom altpersischen Ausdruck *fryo*, und der bedeutete einst *wertvoll* und *eigen*. Diese Bedeutung ist noch in einigen verwandten Begriffen andeutungsweise erhalten. Das Freien, das Umwerben einer Geliebten für einen Lebensbund, bedeutet *zu eigen machen*. *Frieden* war ursprünglich ein Verb und bezeichnete die Abtrennung und den Schutz des Eigenen und damit Wertvollen. Der eigene Garten wird *umfriedet*. Das Wort Friede ist also eng mit der Freiheit verbunden. Auch der *Freund* leitet sich von derselben Wortwurzel ab. Er ist uns schließlich wertvoll. Das Wort umschließt in seiner kollektiven Bedeutung ein Bündnis des Friedens sowie Schutz und Beistand in der Fehde.

Freundschaft ist also unverzichtbar. Freundschaften geben Halt, machen Mut, spenden Trost und erhöhen ganz generell die Zuversicht. In Phasen der Unsicherheit, Umstrukturierung, Desorganisation und Gefährdung sind sie ein Hort der Stabilität. Gerade in Krisenzeiten, in denen wir uns in unserer Umgebung und Kultur zunehmend unbehaglich fühlen und weitgehend im Vorgefühl einer Umwälzung stehen, klammern wir uns an dieses Urgefühl. Wesentliches Charakteristikum der Freundschaft werden so auch die Beständigkeit und Treue, beides Qualitäten, die jeder „Geselligkeit" und Illusion der Eintracht wortlos den Abschied geben.

Familiäre Beziehungen erwecken im Gegensatz zur selbst gewählten Freundschaft oft den Eindruck der Unfreiheit. Die Ehe steht geradezu prototypisch für eine Einschränkung der Freiheit. Doch ohne gewählte Selbstbeschränkungen ist die Freiheit vollkommen wertlos. Wer sich immer alle Optionen offenhalten will, ist dazu verdammt, auf jedes Handeln und Entscheiden zu verzichten, und beraubt sich damit seiner bedeutsamsten Freiheit. Auch die Sprache legt nahe, dass zwischen Freiheit und Beziehung nur ein Scheinwiderspruch besteht.

Bei den Griechen hieß die Freiheit *eleutheria*. Über die alte Form *eliferos* leitet sich auch das Wort *liber* der Römer ab, das ebenso *frei* bedeutet. Die Wurzel steht bemerkenswerterweise für

Wachstum. Verbunden damit ist auch der *Nachwuchs*. Bei den Römern hatte die Ehe den klaren Zweck, weitere *Freie* hervorzubringen, also Bürger anstelle von Sklaven. Darum nannten die Römer ihre Kinder *liberi*. Interessanterweise stammt das deutsche Wort *Leute* von derselben indogermanischen Wurzel. Der Bezug ist das Wachstum der Gemeinschaft: Wir freuen uns über neue *Freie* – Kinder und potenzielle Freunde. Sie sind uns so wertvoll, eben weil sie freie und eigenständige Menschen sind, die unser Leben bereichern können, keine langweiligen Klone.

Die älteste überlieferte Entsprechung des Begriffes *Freiheit* findet sich bei den Sumerern. Es handelt sich dabei um den Ausdruck *Ama-gi*. Zu lesen ist er in einem Dokument aus dem 24. Jahrhundert vor Christus, das von beachtlicher Aktualität ist. Darin wird eine tief greifende politische Reform im Gliedstaat Lagasch beschrieben. Die Menschen lebten in drückender Knechtschaft, die – so beschreibt es das Dokument – durch bürokratischen Wahnsinn verursacht wurde. Preis- und Lohnkontrollen, minutiöse Regulierungen, konfiskatorische Steuerlast erstickten jede Wirtschaftstätigkeit. 2350 vor Christus trat jedoch König Urukagina die Herrschaft an und stellte den Interventionismus ein. Das Dokument schreibt, dass er *Ama-gi* gebracht hatte.

Interessant ist die direkte Übersetzung dieses Begriffs, die sich ergibt, wenn man die Keilschriftzeichen einzeln auflöst: *Rückkehr zur Mutter. (M)Ama*, nimm uns dumme, schlimme Kinder wieder in den Arm und tröste uns über die Wunden, die wir uns selbst zugefügt haben! Vermutlich wurde Ama-gi aber bald wieder langweilig, und neue Illusion lockte fort vom Mutterschoß. Die Mutter ist der Inbegriff jenes Gefühls von Urvertrauen, das uns die Angst vor der Freiheit nimmt.

Leider herrscht in vielen Familien im Kleinen, wie auch in den meisten Staaten im Großen, ein nur wenig mütterlicher, allenfalls zwangsweise bemutternder, freiheitsfeindlicher Umgang. Die *liberi*, die kleinen Freien, werden nicht als eigenständige Persönlichkeiten respektiert, sondern in Schablonen eingepasst. Uns fehlen die Geduld und das Vertrauen, freie Menschen in unserem Liebesbeet wachsen zu lassen, ungeduldig intervenieren wir, korrigieren wir, üben wir Zwang aus. Doch wer einen Menschen wirklich liebt, respektiert ihn – nicht so, wie er momentan und zufällig „ist“, sondern wie er eigentlich „gemeint“ ist.

Ein Grund, warum Respektlosigkeit überhaupt entsteht, ist zu große Nähe. Es gibt eine Form von Nähe und Intimität, die einem alle Illusionen nimmt. Diese ist nicht nur schlecht für die erotische Beziehung zwischen den Eheleuten, sondern auch schlecht für ein Miteinander in der Familie. Selbst die engste Vertraulichkeit, die wir in der Familie finden, sollte Grenzen haben: Grenzen, die wir den eigenständigen Menschen, die wir lieben, zugestehen. Demnach sollte man sich nie völlig gehenlassen – das tun aber viele Menschen heute in der Familie. Das ist auch kein Wunder, wenn man berücksichtigt, dass die Menschen heute oft wie in einem Kaninchenbau auf engstem Raum zusammenleben und viel zu wenig Auslauf haben.

Freundschaft und Familie hängen eng zusammen; darum nannte man auch einst Blutsverwandte Freunde. Gewissermaßen ist die Freundschaft das Ideal der Familie, und die Familie das Ideal der Freundschaft. Eine Familie ist dann ein blühender Teil unseres Gartens, wenn dort die Freundschaft gedeiht: wenn sich die Ehepartner und die Geschwister selbst ebenso beste Freunde sind. Freundschaft lässt stets ein wenig respektvolle Distanz und interveniert nur in den seltenen Fällen, in denen Unterstützung, Ermutigung und Aufmunterung zu wenig sind. Die Familie hingegen ist das Ideal der Freundschaft: Ein guter Freund wird zur Familie. Der Inbegriff der engen Freundschaft ist es, wenn selbst gewählte Bande ebenso stark werden wie die Bande des Blutes. Dieses Ideal führte zum etwas irrigen Bild der Blutsfreundschaft. Gute Freunde halten sich auch in der Not die Treue, ihre Loyalität zueinander widersteht künstlich geschaffenen Konflikten zwischen Interessen, Völkern, Klassen. Eben deshalb gewinnen in der Krise die Freundschaft und die Familie so sehr an Bedeutung:

Sie stiften den guten Geist, der den Frieden wahrt, selbst wenn alles zum Streit drängt. Epikur lehrt, auch die Freundschaft habe ihren Grund im Nutzen; allerdings müssten wir den Anfang machen – müssen wir doch auch erst den Samen in die Erde einsetzen. In eben dieser Manier empfahl Epikur die Kultivierung von „Liebenswürdigkeit“ im Auftreten und in der Persönlichkeit.

Jenseits des Gartens: Die Politik

Ist es ein egoistischer Rückzug, sich auf seinen eigenen Garten zu beschränken? Sollen wir in ein neues Biedermeier flüchten vor einer allzu komplizierten Welt? Das Gegenteil ist unsere Intention: Der Garten dient dazu, Mut zu machen und Kraft zu schöpfen, um sich dieser, unserer Welt zu stellen und unseren Mitmenschen besser dienen und helfen zu können. Die heute meist gewählten Wege sind dazu vollkommen ungeeignet.

Viele wenden sich ab von der heutigen „Politik“, und doch strebt alles zum Politischen. Je deutlicher die Risse des Systems, desto drängender wird die Wut. Einerseits geht es uns materiell immer noch so gut, dass wir leicht dem Märchen von der besten aller Welten erliegen, die uns angeblich erst die „Politik“ und der „Staat“ beschert haben. Dieses Märchen lässt unser System als alternativlos erscheinen; große Tabus halten uns in Angst vor allzu grundlegender Systemkritik. Andererseits erleben wir täglich politische Ent-Täuschungen, sodass man schon sehr naiv sein muss, Politikern weiterhin zu vertrauen. Diese Bewusstseinsspaltung kann nur zur Neurose führen, wenn sie sich nicht in Wut entladen darf. Doch auch diese Wut lässt sich noch im System bewirtschaften. Immer neue populistische Saubermacher werden antreten, um sich letztlich als noch korrupter zu erweisen als ihre Vorgänger.

Die Wut wird erst vergehen, wenn die großen Lügen unserer Zeit gestanden sind. Sie entspringen unseren eigenen Lebenslügen

– den uns bequemen Illusionen. Die größte politische Lüge ist wohl das Märchen, wir würden in Demokratie und Rechtsstaat leben. Das griechische Wort *Demokratie* bedeutet Selbstherrschaft einer Deme – das ist eine kleine, reale Gemeinschaft, die sich von einem Hügel zur Gänze überblicken lässt. Demokratie ist so verstanden das Ideal, dass eine Mehrzahl der Bürger hinreichend weise, tüchtig, maßvoll und mutig ist, eine Gemeinschaft durch eigenen Einsatz gesund und lebendig zu halten. Rechtsstaat bedeutet, dass sich das Gemeinwesen in einem Zustand befindet, in dem das Recht über der Macht steht. Die alten Griechen hätten unsere Systeme wohl „oligarchisch orchestrierte Ochlokratien" genannt, in denen beliebig produzierbare Papiergesetze an die Stelle des Rechts treten. Die Tabus, die rund um die heilige „Demokratie" und den „Rechtsstaat" errichtet wurden, sollen die Widersprüche und Lügen verdecken, die nötig sind, um unsere Illusionen am Leben zu erhalten.

Der brave „demokratische" Systemtrottel unserer Tage sieht seine Verantwortung vor allem in zweierlei Hinsicht: Information und Engagement. Beide Wege verführen uns mit falschen Versprechungen aus unserem Garten, bis wir orientierungslos in der Leere mechanisch beackerter Felder herumirren. Der gute Gärtner sehnt sich nach Wissen und Weisheit und blickt dazu über seinen Zaun. Der Systemtrottel läuft jedem Informationsfetzen nach und verliert sich und seinen Garten.

Das Wort *Politik* ist eine Zusammenfügung von *polis* – Gemeinschaft – und *ike* – Kunst. Politik verstand man ursprünglich als die hohe Kunst (nämlich die schwierigste und daher höchste von allen), eine reale Gemeinschaft gedeihen zu lassen. Heutige „Politiker" sind nahezu ausschließlich damit beschäftigt, Schlagzeilen zu bewirtschaften. Wer daher wirklich Verantwortung für eine Besserung seiner Gemeinschaft übernehmen will, muss zunächst den Konsum von Schlagzeilen einstellen. Am einfachsten ist es, sich dazu von Fernsehern, Gratisblättern, Tageszeitungen, Weblogs zum Tagesgeschehen etc. zu trennen.

Das klingt nach einer allzu radikalen Kur; doch die gewonnene Seelenruhe lohnt diese. Man muss nicht ganz so weit gehen; und es geht keineswegs darum, sich von der Welt abzuschotten. Doch es tut not, unseren Tag zurückzuerobern aus den Fängen des falschen Journalismus, der uns einen *„grand jour"* vorspielt, der nichts mehr mit der Lebensrealität zu tun hat. Wie sollen wir jemals die Muße, die Kraft und den Mut aufbringen, etwas real zum Besseren zu bewegen, wenn unser Garten ständig mit inszenierten Weltproblemen überflutet wird? Heutige Politik ist Schauspiel; wenn wir ihr die Bühne nehmen, muss sie neue und realere Prioritäten setzen.

Wie soll man denn aber wissen, welche Politiker zu wählen sind, wenn man keine Massenmedien konsumiert? Genau das ist der Punkt: Zu Dingen, die man vom eigenen Garten aus gar nicht überblicken kann, maße man sich kein Urteil an. Es ist ein Märchen, dass es eine „Bürgerpflicht" wäre, für irgendwelche Typen seine Stimme abzugeben. Recht betrachtet, ist es zutiefst unmoralisch, kleinere Übel zu wählen. Ein Übel zu ermächtigen und zu legitimieren, nur um ein anderes zu verhindern, ist durch und durch übel. Der Zweck heiligt nicht die Mittel. An Menschen, die man nur aus medialen Inszenierungen kennt, seine Stimme abzugeben, hat gar nichts mit Verantwortung zu tun: Es ist gelebte Verantwortungslosigkeit. Der tatsächliche statistische Beitrag einer Wählerstimme ist verschwindend gering; viel größer ist die negative Vorbildwirkung, die wir dadurch ausüben: Wir legitimieren ein System selbst gewählter Übel. Ein Weg, das Märchen der „Demokratie" aufzudecken, ist, seine Stimme wirklich zu nutzen und nicht anonym abzugeben.

Wie kann und soll ein Einzelner seine Stimme nutzen? Zunächst liegen wütende Schreie nahe; die Bürger laufen durch die Straßen und halten Transparente hoch, um Schlagzeilen zu erringen. Doch dieser Weg ist genauso sinnlos: Er spielt mit der Masse. Massen vermögen es bloß, Gärten zu zertrampeln, niemals Gärten gedeihen zu lassen. Seine Stimme zu nutzen bedeutet, aus der

Masse auszuscheren. Die wenigsten trauen sich dies zu; jene, die dazu mutig genug sind, erweisen sich oft als Spinner. Das liegt an der irreführenden Orientierung an den Informationen und Meinungen.

Es ist vollkommen ausgeschlossen, allen Weltproblemen eine sinnvolle Deutung zu geben. Darum wiederholen wir, wenn wir im Freundeskreis unsere Stimme erheben, meist bloß irgendwelche Schlagzeilen, denen andere entweder beipflichten oder bei denen sie wütend Gegenteiliges zitieren. Das macht Gespräche über Politik so unangenehm und unfruchtbar. Hat man sich gerade noch herzlich und heiter über eigene Erfahrungen und Wünsche unterhalten, beginnt nun die wütende Besserwisserei. Wer seine Stimme im wahrhaft politischen Sinne erheben möchte, der stifte Frieden: Dies gelingt, indem wir die absurde Überbewertung der Meinungen abschwächen, politische Themen auf konkrete Erfahrungen herunterbrechen, zwischen gegenläufigen Interessen vermitteln, Verständnis und Empathie wecken und zu kleinsten Lösungsansätzen ermutigen, die für reale Menschen gangbar sind.

Dabei ist es vollkommen lächerlich, auf irgendwelche Parteien zu hoffen, dass sie den Wagen aus dem Dreck fahren und die wachsende Wut lindern. Das Wort „Partei“ kommt von *pars populi* und bezeichnet bloß einen Bevölkerungsteil – das glatte Gegenteil der Polis. Nach der Ansicht der antiken Philosophen treten Parteien als Verfallserscheinung eines schwindenden Gemeinwesens auf; Interessengruppen wetteifern nun um Vorteile für sich selbst, anstatt gemeinsame Lösungen zu suchen und den anderen zu dienen. Politik ist Dienst zum Gemeinwohl; Partei-„Politik“ ist Zersplitterung der Gesellschaft zum Wohle von Einzelinteressen. Im Schauspiel dieser Interessenwettkämpfe werden wütend Meinungen rezitiert, in der Hoffnung, die Masse über die erzeugten Schlagzeilen und Medienerscheinungen zum Wohlverhalten bei den inszenierten Wahlgängen zu bewegen.

In einem anständigen Garten ist dem Gemeinwesen, der Polis, ein Beet zugedacht. Wer an diesem übt, stellt fest, wie schwierig die dazu nötige Kunstfertigkeit ist. Diese Erfahrung bewahrt vor der Hybris heutiger „Politik". Kaum ein „Politiker" könnte einen realen Garten zum Blühen bringen, ein reales Unternehmen – sei es auch noch so klein – erfolgreich führen. Dennoch maßen sich diese Leute an, über Millionen zu bestimmen. Sie zwingen uns, immer größere Teile unseres Gartens ihren falschen Versprechungen zu widmen, in unseren Beeten für ihre Zwecke und Interessen zu schuften. In der Geschichte wurde der Raum, den jeder in seinem Garten für die Polis reservieren musste, meist mit ungefähr zehn Prozent bemessen. Herrscher, die mehr forderten, galten als Tyrannen. Weil wir dem Märchen erliegen, dass der „Staat" wir selbst sind und die „Politik" dem Gemeinwohl dient, betrachten wir schüchternes Klagen darüber, dass längst ein Vielfaches des Zehnts gefordert wird, als egoistisch. Das Gegenteil ist richtig. Tatsächlich sind die Steuern heute zu hoch und zu niedrig zugleich. Die Mehrheit der Menschen sind heute Nettotransferleistungsbezieher, das heißt, sie bezahlen faktisch gar keine Steuern, sondern beziehen ihr Einkommen aus den Steuerzahlungen der Minderheit. Diejenigen, die noch Steuern zahlen, liefern Tribute ans System – damit werden sie allerdings ihrer Verantwortung nicht gerecht, so viel sie auch zahlen mögen. Wer guten Gewissens in einem nachhaltig bestehenden Gemeinwesen leben möchte, dem bleibt heute nichts anderes übrig, als – unabhängig von der gezahlten Steuerlast – einen Teil der verbliebenen Zeit und des verbliebenen Einkommens für die Polis einzusetzen. Eine gute Empfehlung ist es, sich hierbei an zehn Prozent der verfügbaren Zeit zu orientieren. Wenn die eigene Berufung hinreichend einträglich ist, kann man diesen Einsatz für die Gemeinschaft auch durch Geld leisten.

Was ist die politische Verantwortung des Einzelnen? Sie besteht darin, für die konkrete Gemeinschaft nötige Einrichtungen aufzubauen und zu hegen, sofern sie nicht oder nicht auf Anhieb gewinnbringend zu leisten sind. Sie besteht aus Hilfe in der Not. Ferner besteht sie in der Bereitschaft und Fähigkeit, die eigene Gemeinschaft vor Bedrohungen zu schützen und dagegen zu wappnen. Hierbei ist das rechte Maß zu finden; wir dürfen das Politische nicht als Vorwand nutzen, um den eigenen Garten zu vernachlässigen.

Diese Verantwortung steht im großen Gegensatz zum erwähnten „Engagement". Letzteres besteht darin, sich als Rädchen den politischen Systemen einzupassen, indem wir medial inszenierten Verführern nachlaufen und die Gärten unserer Mitmenschen mit deren Versprechungen und Konterfeis überfluten. Niemals übernimmt hierbei jemand konkrete Verantwortung. Im Wesentlichen werden Meinungen dramatisch hochstilisiert, um damit Eindruck zu schinden und Aufmerksamkeit zu gewinnen. Dieses „Engagement" ist ein kindischer Wettlauf um Beachtung. Es findet per definitionem außerhalb des eigenen Gartens statt, vorwiegend gegenüber fremden Menschen, im Auftrag fremder Menschen. Je globaler der Bezug, desto größer fühlt man sich. Aufgeblasen labert man über Weltprobleme; spielt zynisch den pragmatischen Profi, der sich auf die Ökonomie der Aufmerksamkeit versteht; hält sich beim Schreiben wütender Internetbeiträge und beim kollektiven Anklicken der richtigen Buttons für einen Weltenretter.

Wer der Polis ihr Beet im Garten reserviert hat, muss das Politische nicht mehr so ernst nehmen. Die Welt wird besser durch jedes einzelne Lächeln am rechten Ort, jede Gabe für den rechten Zweck, jedes Wort zur rechten Zeit. Kein Mensch kann dies absehen und kontrollieren; wir alle können nur in unserem kleinen Garten unverzagt üben. Und zusammengenommen wiegen diese Übungen unendlich viel mehr als die falschen Versprechungen der Verführer und das wütende „Engagement" der Weltverbesserer.

Dass unsere Polis, obwohl – oder weil – es noch niemals so viel „Politik" gab wie heute, im Schwinden begriffen ist, merken wir daran, dass es uns so schwerfällt, dieses Beet zu bestellen. Für wen sind wir denn verantwortlich? Wem können wir denn helfen? Mit wem haben wir noch hinreichend gemeinsam, um einander in einer schwierigen Zukunft beizustehen? Mit welchen Genossen können wir unser Abenteuer Seite an Seite, Garten an Garten, wagen? In Zeiten der Vernetzung scheint es naheliegend, dass wir mit Menschen auf der anderen Seite der Welt oft mehr gemeinsam haben als mit unseren nächsten Nachbarn, die wir kaum, in Städten oft gar nicht kennen. Doch die Geschichte zeigt, dass völlig selbst gewählte Gemeinschaften in aller Regel nicht lange überleben. Denn die Wahl des uns Ähnlichen hat einen Zug der Bequemlichkeit, der realen Herausforderungen selten standhalten kann. Was wir selbst verbunden haben, können wir auch leicht selbst wieder lösen, sobald man von uns mehr verlangt, als uns zu geben genehm ist. Das spricht für die Nachbarschaft, die ihre Grundlage nicht in der Wahl, sondern im Zufall des geteilten Ortes hat. Nomaden haben selten schöne Gärten, in der Not werden sie meist zu Räubern. Der geteilte Ort gibt dem Menschen Heimat und damit ein wenig Ortung im hektischen Trubel, eine Stätte, bei der uns die Heimkehr stets erleichtert und beruhigt, weil sie uns die Last des Ungewohnten nimmt.

Das bedeutet nicht, dass jeder Mensch seine Polis an dem Ort finden wird, an dem er sich zufällig gerade aufhält. Doch es ist einen Versuch wert, den eigenen Garten zu verorten und dadurch einen Ort aufzuwerten. Diese Wertschätzung eines Ortes, weil man einen besonderen Bezug dazu aufgebaut hat, nannte man einst Patriotismus – nach *patria*, dem Land der Väter. Ein solcher Patriotismus steht im starken Gegensatz zum zunächst nur biologisch und dann nur „politisch" gedeuteten Nationalismus, der nichts als ein Hilfeschrei von Heimatlosen ist, die das Fremde fürchten, weil es ihre Lebenslügen offenbart. Die „Väter" können geistig und kulturell sein; und auch der Ort könnte bloß eine Metapher sein. Wenn man seinen Garten aber an einem physischen Ort gefunden und den Mut hat, sich dort wohlzufühlen, wäre es absurd, seine Polis in virtuellen Netzwerken zu suchen.

Reale Nachbarn haben den Vorteil, unbequem zu sein, weil wir sie uns nicht selbst ausgesucht haben. Das wertet unsere politischen Herausforderungen auf. Jemanden zu überzeugen, der ohnehin schon die eigene Meinung teilt, ist keine Kunst. Mit jemandem in Frieden zusammenzuleben, der anders ist, das erfordert Polit-*ike*, eine Kunstfertigkeit, die langes Üben an kleinen Beeten verlangt.

Wem es allzu langweilig erscheint, bloß über den Gartenzaun hinweg gute Nachbarschaft zu pflegen, hat keine Ahnung, was auf uns zukommt. Im Kleinen solche realpolitischen Herausforderungen im eigentlichen Sinn zu meistern, ist der einzig gangbare Weg – und ein ungeheures politisches Abenteuer, das viel Genie, Mut und Geschick erfordern wird. Wer die künftigen Herausforderungen hingegen schon erahnt, der weiß, welche Anmaßung hinter der heutigen „Weltpolitik" steht, und kann die medialen Inszenierungen ganz getrost ignorieren.

Die Berufung des Gelehrten

Der panische Drang nach Informationen ist die Entartung einer Tugend: der Klugheit. Immer mehr Menschen drängt es ins Internet, es drängt sie die Angst. Diese Angst wird durch das Gefühl geweckt, die Welt nicht mehr zu verstehen. In der Tat ist Wissen ein Weg, Angst zu überwinden; das Ideal der Weisheit ist oft mit Angstfreiheit, mit seelischer Gelassenheit verbunden.

Der Weg des Wissens ist allerdings ein mühsamer, lebensfüllender. Darum sehnen wir uns nach bequemeren Abkürzungen. Das Internet als Freudenhaus der Information verspricht einfacheren, direkteren Zugang zu Wissen. Das ist auch nicht ganz falsch; das Internet ist ein nützliches Werkzeug, das den großen Vorteil hat, noch nicht vollständig kontrolliert und zentralisiert zu sein. Doch der Umgang mit der Information erinnert an den falschen Umgang mit dem Geld: Viele erliegen der Illusion, dass die Quantität wesentlich sei, und übersehen dabei die Qualität. Die Begeisterung über das Internet erinnert an die einstigen Versprechen und Erwartungshaltungen, die mit dem Buchdruck, dem Radio und dem Fernsehen verbunden waren. Mit jeder Neuerung erhoffte man sich, endlich in ein Zeitalter universell gebildeter, weiser Massen einzutreten. Doch das Gegenteil trat ein: Stets führten die neuen Möglichkeiten zu einem Siegeszug der Propaganda. Die Vorstellung global vernetzter Menschen vor ihren Bildschirmen ist so betrachtet nicht nur positiv; entscheidend ist, ob diese Bildschirme Werkzeuge in den Gärten selbsttätiger Menschen sind, oder Fenster in die Zellen gleichgeschalteter Massen. Wir müssen uns stets die Frage stellen: Nutze ich das Medium oder nutzt das Medium mich?

Es hat etwas Kindisches, wenn Menschen, die von sich behaupten, keine Zeit für das Lesen von Büchern zu haben, mittels Google versuchen, die Welt im Schnelldurchgang zu verstehen. Es gibt nur *eine* plausible Abkurzung zum Wissen: anderen zu vertrauen, die mehr Muße dazu haben, sich mit schwierigen Fragen auseinanderzusetzen. Wahllos Informationsfetzen zu vertrauen, die uns zufliegen, ist so naiv wie das Vertrauen in „Politiker".

Es ist nichts Anrüchiges, zu wenig Zeit zu haben, dicke Wälzer zu lesen. Ob diese tatsächlich mehr Wissen stiften als eine Suchabfrage im Internet, ist ja keineswegs sicher. Der Weg zum Wissen geht einher mit der wachsenden Erfahrung, Irrelevantes von Hilfreichem, Irreführendes von Richtigem zu unterscheiden. Wenn wir uns dieses Urteil selbst nicht zutrauen, ist es kein Fehler, anderen zu vertrauen. Doch das sollte – wie in politischen Fragen – stets eine bewusste Entscheidung zu persönlichem Vertrauen sein. Dieses Vertrauen bedeutet nicht, einem einzelnen Menschen blind zu folgen. Es bedeutet bloß, einen Filter für sich zu nutzen, einen Kompass im Irrgarten der Information. Diejenigen, die sich für so aufgeklärte Zweifler halten, ausschließlich ihrem eigenen Verstand zu vertrauen, sind meist von Denkern manipuliert, die sie gar nicht kennen.

Der Weg des Wissens ist einer jener Wege, die den Menschen von seiner Angst befreien können. Doch er ist so schwierig, dass er eine Berufung für sich darstellt: den Gelehrten. In allen historischen Gesellschaften wurde diese Funktion von Menschen eingenommen, die ein wenig außerhalb des Alltäglichen standen: Schamanen, Magier, Priester, Heiler. Ihre archetypische Aufgabe ist es, eine Brückenfunktion zwischen dem Materiellen und dem Geistigen herzustellen, zwischen dem Realen und dem Idealen, und damit die Welt und den Menschen wieder „ganz" zu machen.

Es handelt sich um einen eigenen Lebensentwurf, weil der Gelehrte selbst einen hohen Grad an „Ungeteiltheit" aufweisen muss: ungeteilte Muße, Aufmerksamkeit, Besinnung. Darum vernachlässigt der Gelehrte oft seinen eigenen Garten; man verzeiht es ihm aber. Drei Alternativen finden sich hierzu in der Geschichte: Der Gelehrte lebt hinreichend asketisch, um ohne Garten auszukommen, lebt in einem klösterlichen Gemeinschaftsgarten oder dient in einem fremden Garten. Letzteres ist am gefährlichsten, denn der Preis dafür ist oft die Abhängigkeit – und Abhängigkeit verunmöglicht diese Berufung.

Der Gelehrte dient seinen Mitmenschen dadurch, ihnen Orientierung zu bieten, ohne ihnen Entscheidungen abzunehmen. Dafür bezieht er kein Gehalt, sondern ein Honorar: Im Idealfall leisten seine Mitmenschen aus freien Stücken einen Beitrag zu seinen Lebenskosten, auch wenn ihnen die Diagnose nicht gefällt oder sie ohnehin richtig lagen und gar keiner Hilfe bedurften. Solche Gelehrte gibt es heute kaum noch; der Regelfall sind abhängige Fachtrottel, die Formulare ausfüllen, um mit fremdem Geld auf fremdes Geheiß in einem Teilgebiet forschen zu dürfen. Wie jeder Archetypus ist auch der Gelehrte ein Ideal. Es dient jenen zur Orientierung, die der Weg des Wissens als Selbstzweck lockt, und die dafür bereit sind, auf allerlei irdische Verlockungen zu verzichten – in der Regel auch auf einen eigenen Garten, der über das nötige Mindestmaß hinausgeht.

Obwohl es sich bei der Berufung des Gelehrten um eine karge Berufung handelt, galt sie der Moderne als besonders erstrebenswert. Das liegt wohl daran, dass Ideen ein wichtiges Machtmittel sind. Der korrumpierte Gelehrte hat viel Unheil über die Welt gebracht. Noch nie strebten so viele Menschen nach intellektuellen Berufen, ohne dafür freilich auf irdischen Lohn verzichten zu wollen – ganz im Gegenteil meinen sie, dass ihnen besonders hohe Löhne zustehen sollten. Das Bildungssystem wurde mit dem grotesken Versprechen ausgedehnt, alle Menschen zu Gelehrten zu machen. Dazu werden unwillige Kinder im schwierigsten Alter in Gebäuden eingekerkert, die glaubensleeren Klöstern nachempfunden sind, um ihnen nutzlose Informationen in die Köpfe zu pauken, die sie nie wieder brauchen. Um möglichst viele solcher Pseudo-Gelehrter am Fließband produzieren zu können, werden die Anforderungen laufend herabgesetzt.

Es ist jedoch nur eine kleine Zahl, die für diese Berufung tatsächlich bestimmt ist. Diese Menschen sind nicht besser und nicht schlechter als andere – sie sind bloß anders. Es braucht auch nicht mehr als eine kleine Zahl an Gelehrten. Die Millionen heutiger Ökonomen und Sozialwissenschaftler können nur in Zwangssystemen Beschäftigung finden; je totalitärer ein Staat, desto mehr solcher Pseudo-Gelehrter finden darin Verwendung. Es ist kein Wunder, dass die Theorie heute einen so schlechten Ruf hat. Denn die meisten Theoretiker werden als Abhängige gehalten, um der Macht eine Aura der Legitimität zu geben oder Menschen mit unverständlichem Gelaber beim Denken zu entmutigen.

Jeder Mensch ist dazu berufen, ein wenig Gelehrter zu sein. Ein Beet in jedem Garten sollte dieser besonderen Form der Muße gewidmet sein, die unseren Verstand an den großen Fragen der Menschheit schärft. Da es nur ein Beet ist, wäre es Unfug, uns zu viel vorzunehmen. Doch wir sollten uns auch nicht mit allzu wenig zufriedengeben. Wer vorgibt, er habe keine Zeit, Bücher zu lesen, liest bestimmt das Falsche. Befreit man sich vom Informationsmüll der Schlagzeilen, wird man ungeahnte Freiräume entdecken. Es gibt kaum etwas Spannenderes, als sich wirklich tief gehend mit großen Fragen zu beschäftigen – ohne alle Denkverbote. Wie bei anderen Bereichen lohnt es auch hier, die Aufmerksamkeit auf das Nahe zu richten: Vielleicht gibt es in der Nähe des eigenen Gartens einen Gelehrten, der einen bei der Entdeckungsreise durch die alte Tradition des geordneten Nachdenkens begleiten kann.

Wer diese Berufung für sich entdeckt, wird bald bemerken, dass sie ein Leben mehr als ausfüllt – ein einzelnes Leben reicht gar nicht dafür aus. Schon die ältesten Philosophen erkannten: Je mehr wir wissen, desto größer wird auch unser Nichtwissen. Es ist eine schwierige Berufung, weil sie kaum physische Güter, also keine direkten Nützlichkeiten hervorbringt. Daher ist es besonders schwer, auf diesem Wege ein ehrliches Auskommen zu finden. Noch dazu ist die Welt überflutet von hochgebildeten Pseudo-Gelehrten, die, sobald die sie nährenden Systeme fallen, auf die Märkte strömen oder zur Macht drängen werden. Mit hinreichender Genügsamkeit, Wissensfreude und Empathie kann man aber auch als selbstständiger Gelehrter überleben – denn die Lücke ist riesengroß. Unsere Zeit dürstet nach Orientierung und Heilung inmitten des ideologischen Scherbenhaufens.

Die Berufung des Kriegers

Der Drang zum „politischen Engagement“, das sich heute immer mehr abseits der Parteien Bahnen sucht, ist ebenfalls die Entartung einer Tugend: des Mutes. Auch diese Tugend ist ein Weg aus der Angst. Hierbei geht es um die größte Angst überhaupt: die Angst vor dem Scheitern, die eine Form der Angst vor dem Tod ist. Mit dieser Angst und dem Weg zu ihrer Überwindung ist ein weiterer Archetypus verbunden: der Krieger.

Archetypen sind Motive, die in Mythen, Träumen, Wunschbildern und Ängsten immer wieder auftreten. Dabei handelt es sich nicht bloß um esoterische Schablonen oder Sehnsüchte nach früheren Zeitaltern. Vielmehr erlauben Archetypen Rückschlüsse auf das Wesen des Menschen. Wir sind davon überzeugt, dass die drei Archetypen – *der Gärtner, der Gelehrte und der Krieger* – solche Urmuster menschlichen Daseins verkörpern. Es sind Idealbilder des Lebens, die uns quälen, wenn sie uns fehlen. Der Mensch strebt nach Wissen – lehrte Aristoteles und wurde dafür von vermeintlich nüchternen Zynikern verlacht. Der Mensch strebt nach Illusionen – korrigierten sie. Dabei verkannten sie die Art von Realismus, die Aristoteles eigen war: Er beschreibt nicht die Realität, wie sie sich zeigt, sondern wie sie ist. Das Streben nach Wissen rumort wie ein schlechtes Gewissen im Menschen, der in Illusionen lebt. Es macht sich erkennbar als diffuse Angst. Dass der Mensch von Natur aus wissbegierig ist, sehen wir an Kindern. Es braucht Jahre der Abrichtung in geschlossenen Anstalten, um ihnen diese Neugierde auszutreiben.

Der Mensch strebt aber ebenso danach, etwas zu wagen, sich an Großem zu versuchen. Nicht die Angst ist unserem Wesen eigen, sondern der Mut. Wir sind dazu fähig, das Neue zu wagen, mit dem Feuer zu spielen, ihm in nächster Nähe neugierig zuzusehen. In fast jedem Mann und mancher Frau steckt ein Krieger. Der Mensch wäre nie aus den Höhlen gekrochen, wenn er wie ein scheues Tier vor allem Unbekannten flöhe. Krieger bringen zweifellos auch viel Unheil. Aber ohne diesen Archetypus gäbe es kaum Fortschritt. Außerdem ist anzunehmen, dass es Kriege geben wird, solange es Menschen gibt. Darum ist es für die allermeisten von uns richtig und geboten, auch diesen Archetypus in einem Beet unseres Gartens zu kultivieren – aber nicht mehr, als notwendig ist.

Wir hören die politische Korrektheit schon unken; darum sei gleich auf die Gefahr hingewiesen, diesen Archetypus zu ignorieren oder zu knebeln. Es mag paradox erscheinen, doch ist es philosophisch und psychologisch sehr plausibel: Erst seit die Utopie vom ewigen Frieden aufkam, die den Krieger in uns zu unterdrücken trachtet, erreichten Kriege die totalitäre Dimension unserer Zeit. Die totale Befriedung des Menschen in Form einer Gleichschaltung hin zum braven, rationalen und identischen Untertanen musste zum totalen Krieg führen. Noch kurz vor dem Ersten Weltkrieg ahnte kaum jemand, welch beispielloser Wahnsinn drohte. Die Menschen wähnten sich in Europa in einem goldenen Zeitalter der Sicherheit, in dem es nie wieder Kriege geben würde. Als der Krieg jedoch kam, entfesselte er zunächst eine verblüffende Begeisterung. Brave Bürger wurden von einem Tag auf den anderen zu blutgierigen Kriegsfanatikern. Dabei war die Zeit davor noch viel ruhiger als die unsrige, Kriege galten ihr als noch viel ferner. Was hatte die Kriegsbegeisterung entfacht? Existenzielle Langeweile, das heißt die Unterdrückung schwelender Triebe. Man braucht nicht viel Fantasie, um sich auszumalen, wozu heutige Systemtrottel fähig sind, bloß weil ihnen langweilig ist.

Wir sind heute derart ängstlich geworden, dass wir alle Fragen, die unsere physische Sicherheit berühren, an die „Politik“ delegieren. Wenn von Waffen die Rede ist, fährt es den meisten eiskalt über den Rücken. Am liebsten wäre ihnen, nur noch der „Staat“ hätte Waffen, aber keine realen Menschen, die uns gefährlich werden könnten. Der „Staat“ – das sind wir doch selbst (den offensichtlichen Widerspruch unterdrücken wir sofort). Wenn sich Menschen aus Angst nicht mehr selbst zu schützen wissen, sondern ihre Sicherheit vollends delegieren, hat dies einen hohen Preis: Sie werden vollkommen abhängig. Die Angst vor dem Tod ist, insbesondere bei areligiösen Menschen, die größte der Ängste. Diese Angst macht blind und kann sich jederzeit in blindem Hass entladen. Die Befriedung der Menschen durch ihre geistige „Entwaffnung“ (die mit der buchstäblichen einhergeht) führt zu einem großen Gefängnis, in dem es nur einen Funken braucht, damit alle voll Angst und Hass übereinander herfallen.

Man kann nicht ruhigen Gewissens Gärtner sein, ohne ein wenig auch Krieger zu sein. Dazu gehört die Fähigkeit, seinen

Garten im Rahmen des Menschenmöglichen selbst zu verteidigen; ebenso die Fähigkeit, gemeinsam mit seinen Mitmenschen die eigene Gemeinschaft zu schützen. Jeder vernünftige Mensch hofft darauf, diese Fähigkeiten niemals gebrauchen zu müssen. Doch ohne sie erntet man die größte aller Ängste. Viel wichtiger noch ist diese Fähigkeit und dieser Archetyp im übertragenen Sinne: Es geht um den Mut, zu scheitern. Jeder gute Gärtner muss ein wenig Krieger sein, indem er den Mut hat, Entscheidungen zu treffen und nicht bloß Mitläufer zu sein. Er muss seinen Lebensgarten, letztlich sein Leben, riskieren, um es blühen zu lassen. Ein Leben ohne Risiko gibt es nicht. Wer die absolute Sicherheit sucht, wählt den sicheren Tod.

Das Kriegerische unserer Existenz bedroht stets unsere Gärten. Wie das Dasein des Gelehrten, hat auch das Dasein des Kriegers oft den Preis, auf einen Garten zu verzichten. Denn es gibt ihn, den Krieger als vollständige Lebensform, und unsere Zeit hat ihn ebenso nötig wie den Gärtner und den Gelehrten. Es sind nur wenige, die dazu berufen sind; und das ist ebenfalls gut und richtig so. Der Krieger, den es heute braucht, ist jener, der den Mut hat, im Dickicht der verlorenen Gärten die Schneisen zu schlagen. Viele sehnen sich nach ihrem Lebensgarten, nach einer eigenständigen Lebensform, die sie nährt, ohne sie ihrer Menschlichkeit zu berauben. Doch nur wenige haben den Mut, aus den Systemen zu treten, weil die Pfade so ungewiss und gefährlich sind. Sie verlangen nach Führung. Wenn wir sie deshalb verlachen, werden sie sich an politische Verführer richten. Die nächsten Verführer werden uns nicht den Gefallen erweisen, an Oberlippenbart und Stechschritt leicht erkennbar zu sein. Das Wort *Führer* ist im Deutschen durch die Geschichte so missbraucht, dass wir uns oft mit der englischen Entsprechung helfen. „Leadership“ bräuchte es, so wird geklagt. Die Heuchelei dabei ist groß. Einerseits wird das demokratische Tabu gepredigt, dass jeder selbstständig genug sein müsse, um ohne Führer auszukommen, andererseits wären die Systeme viel zu komplex, um tatsächlich selbst etwas zu entscheiden – darum brauche es eben eine diffuse „Führerschaft".

Menschen zu führen, ist überhaupt nichts Anstößiges. Nur weil die Systemtrottel stets Verführern nachlaufen, wollen wir uns nicht anmaßen, aus Prinzip stets ohne Führer auszukommen. Ein Führer unterscheidet sich von einem Verführer dadurch, dass Ersterer konkrete Menschen als Personen anspricht, Letzterer bloß die Masse adressiert. Ein Verführer treibt durch Versprechungen, Bestechungen, Drohungen und letztlich Gewalt von hinten an, ein Führer geht entschlossen voraus – und geht die Wagnisse selbst ein, zu denen er andere ermutigt. Reale Führer überschätzen sich nicht und richten sich daher stets an eine kleine, überschaubare Menge von Menschen. Man kann Menschen nicht wirklich führen, ohne sie zu kennen – denn bei aller Wesensähnlichkeit haben sie unterschiedliche Potenziale und Wege.

Gute Gärtner sind Krieger genug, in der Not ohne Führer auszukommen, aber bescheiden genug, Mutigeren und Entscheidungsfreudigeren zu vertrauen und zu folgen, die ihnen mögliche Wege weisen und erstreiten. Es wird eine ungeheure Aufgabe sein, die Wut der Systemtrottel, die aus den Systemen fallen, zu neuem Mut zu bändigen. Dafür braucht es wirklich wagemutige Krieger, die einiges aushalten und sich für nichts zu schade sind. Sie dürfen auch um ihr Leben nicht fürchten; ihr ungewisser Lohn ist das Heldentum.

Mut zum Abenteuer

Das mag für moderne, ernüchterte Ohren alles furchtbar schwülstig und überlebensgroß klingen. Der Zweifel ist berechtigt; er spielt eine wichtige Rolle in der Berufung des Gelehrten. Dessen Aufgabe ist es unter anderem, den Zweifel wachzuhalten und zu kultivieren. Doch es gibt auch einen falschen Zweifel; es ist der

Zweifel aus Feigheit, der alles zynisch zerredet, um sich auf nichts einlassen und nichts wagen zu müssen. Der gute Zweifel hat gefehlt, als die Systemtrottel mit Versprechungen, jeder müsse ein Held sein, von ihren Gärten auf die Schlachtfelder der großen Kriege gelockt wurden. Es bringt nichts, nun quasi nachträglich für die Vergangenheit mit zerfressendem Selbstzweifel alles büßen zu wollen. Uns ist das Maß verloren gegangen: Weil wir Angst haben, illusionäre Versprechungen nicht mehr von Idealen unterscheiden zu können, opfern wir die Ideale. Weil wir Angst haben, unsere kriegerischen Triebe nicht kontrollieren zu können, geben wir uns unterwürfig und winseln wie kastrierte Köter. Weil wir dabei jedoch Angst haben, unsere Schwächen zu offenbaren, liebäugeln wir mit Allmachtsfantasien und zelebrieren die großen Weltprobleme.

Wer unsere Schlussfolgerungen, Empfehlungen und letztlich unsere Motive bezweifelt, hat guten Grund dazu. Er sei aber beruhigt: Wir beließen es dabei, eine Geschichte zu erzählen. Begründungen blieben wir schuldig, denn wir sollten kein Buch für Gelehrte schreiben. Der Zweifel hat es daher sehr leicht. Wir schrieben *ein persönliches Buch für jedermann* – und da es keine Durchschnittsmenschen, sondern nur wunderbare Ausnahmen gibt, möchten wir all diesen Ausnahmemenschen, diesen tüchtigen Gärtnern, die für das Lesen philosophischer Bücher noch ein kleines Beet reserviert haben, dieses Buch von Herzen widmen. Wir wollen die guten Zweifel nähren und über die falschen Zweifel hinweg Mut machen.

Dieses Buch enthält kein politisches Programm im engeren Sinne, soll keine neue Ideologie begründen oder eine alte aufwärmen. Unsere Empfehlungen lese man als eine abenteuerliche Geschichte: Wem sie nicht zusagt, der tröste sich damit, dass es nur eine der vielen möglichen Geschichten ist, noch dazu eine sehr abstrakte und allgemeine. Wer sich jedoch angesprochen fühlt, der ahnt, dass in diesen Tagen Geschichte geschrieben wird. Wir wissen nicht, wessen Feder die entscheidenden Punkte setzen wird. Doch wir ahnen, dass wir alle dazu berufen sind, eine Rolle darin spielen.

Fassen wir die Abenteuergeschichte, die wir erzählen wollten, noch einmal kurz zusammen – dann wird auch deutlicher, warum wir sie so bezeichnen: Es wird einmal ein Tag kommen, nicht allzu weit entfernt, an dem eine hinreichend große Zahl von Menschen ihr Leben in die Hand nimmt. Diese Zahl wird genügend groß sein, um der hinterhertrottenden Masse Vorbild zu sein, sodass auch der letzte Trottel Mut schöpfen kann, sich von den Illusionen loszusagen. Diese Menschen werden selbstbewusst aus den anonymen Systemen treten und sich als Persönlichkeiten erkennen und erweisen. Sie werden allen Mut zusammennehmen und neue Gärten aufbauen, die anstelle der Getriebe gedeihen. Sie brauchen diesen Mut, weil sie zunächst ignoriert, dann ausgelacht werden und schließlich große Widerstände erfahren. In diesen Gärten wächst eine materielle Lebensgrundlage für maßvolle Menschen, die gänzlich unabhängig von den Zuteilungsmechanismen der Systeme ist. Es wachsen darin Orte gelebter Nächstenliebe, wissensdurstigen Austausches, freudvoller Unterhaltung. Sie sind Keime wahrhafter Gemeinschaften, abseits virtueller und „politischer" Inszenierungen.

Diese Gärtner sind keine Übermenschen; sie versuchen aber ihr Bestes. In aller Bescheidenheit hegen sie seltene Pflanzen, auch wenn sie noch niemand zu würdigen weiß. Zu Geld, Medien, Technik haben sie ein unneurotisches Verhältnis – sie nutzen sie maßvoll als Werkzeuge, die sie gerne mit anderen teilen. Der Aufbau ihrer Gärten erweist sich als spannendes Abenteuer, in dem viele Frustrationen zu ertragen sind; die Freude über das Erreichte wiegt aber jede Durststrecke auf. Es entstehen unter anderem folgende Gärten: Landwirtschaften, die den Menschen in ihrer Nachbarschaft so wertvolle Lebensmittel, Lebenspunkte und Lebenserfahrungen bieten, dass sie ohne Subventionen bestehen können. Gastronomie, die Orte geteilter Lebensfreude hervorbringt und hegt. Vielfältige Schulen (ob in Gebäuden oder ohne), in die Kinder voll Freude und Lerneifer drängen, sodass sie Eltern und Lehrern wertvoll genug sind, ohne Lehrplanwirtschaft überleben zu können. Politische Gemeinschaften, die den Menschen, die in ihnen leben, so wertvoll sind und so viel Bürgersinn hervorbringen, dass sie ohne Zwang auskommen. Netzwerke und Einzelkämpfer, die ihren Mitmenschen in der Not so gut helfen, dass sie bald keine Hilfe mehr benötigen. Universitäten, in denen wirklich eine angstfreie *universitas* – eine Gemeinschaft von Universalgelehrten – gedeihen kann, wo über die realen Probleme realer Menschen nachgedacht und eine große Tradition lebendig wird. Kulturleistungen, die sich nicht mehr hinter hochtrabenden Interpretationen und ideologischen Posen verstecken müssen, sondern wieder Schönheit in unsere Lebenswelt bringen. Der Bedarf an sinnvollen Gärten ist grenzenlos.

Diesen Gärtnern dient eine kleine Zahl besonders mutiger Gelehrter und Krieger. Beide haben selbst Gärten, doch man nimmt es ihnen nicht übel, wenn es kleine und unvollkommene sind. Die Krieger weisen Wege, gehen voraus, schützen jene, die ihnen folgen. Die Gelehrten reparieren den Schaden, der dabei unweigerlich entsteht: Sie lindern die Schmerzen der Ent-Täuschungen, wecken das Verständnis für jene, die andere Wege gehen, sprechen Mut zu, klären auf und nehmen durch Wissen die Angst. Jene, für die diese Lebensformen zu groß sind, leisten noch Größeres: Sie helfen, all diese Gärten und Wagnisse hervorzubringen, ohne dafür Anerkennung zu ernten. Das Abenteuer dabei ist riesengroß; stets droht die Welt unter uns zusammenzubrechen; wir balancieren auf dünnsten Seilen der Hoffnung. Doch wenn wir durchhalten, ist das Unglaubliche möglich: Am Ende des Abenteuers sind die Systeme gefallen, ohne dass wir es gemerkt haben. (Vielleicht lief es im Fernsehen, wir hatten aber Wichtigeres anzusehen.) Jenen, die dabei zu Sturz kommen, können wir freudig und kraftvoll auf die Beine helfen, ohne selbst ins Wanken zu geraten.

Diese Abenteuergeschichte ist keine Utopie, sie bezeichnet keinen unmöglichen Ort für unmögliche Menschen. Sie ist zwar unwahrscheinlich, doch wird sie Wirklichkeit durch Schritte, die klein genug für reale Menschen sind. Sie erfordert Unwahrscheinliches: Mut, Klugheit, Maß, Gerechtigkeit – Ideen, die so unwahrscheinlich sind wie das Wunder des Lebens und keine Spur weniger real.

Wir, die Autoren dieses Buches, sehnen uns nach solchen Abenteuern. Wir üben sie, wir scheitern, wir geben nicht auf. Manchmal sind wir wütend, über unsere Mitmenschen, über die Systeme, vor allem aber über uns selbst. Langsam jedoch schwindet die Wut. Wir schöpfen neuen Mut und können beherzt darüber lachen, was für Trottel wir sind. Wir hoffen, dass Sie, geschätzter Leser, inzwischen schon mitlachen können und ein wenig Mut gefasst haben. Wir lassen Sie sicherlich etwas ratlos zurück. Doch das ist ganz unvermeidlich, sonst hätten wir Ihnen ja falsche Gewissheiten angedreht. Wir können nur hoffen, dass Sie nun in der Lage sind, diese Ratlosigkeit als guten Ausgangspunkt für ein Abenteuer mit offenem Ausgang zu betrachten: Es gibt so vieles zu entdecken, zu lernen, zu erfahren, zu wagen. Wir wünschen Ihnen eine gute Reise – vielleicht besuchen Sie uns einmal in unserem Garten!